Athanase ZOGO

NOTRE NECESSITE DE TOUJOURS T'ADORER JESUS

Athanase ZOGO

NOTRE NECESSITE DE TOUJOURS T'ADORER JESUS

Abandonnés entre tes mains

Éditions Croix du Salut

Imprint

Cover image: www.ingimage.com

Publisher:
Éditions Croix du Salut
is a trademark of
Dodo Books Indian Ocean Ltd. and OmniScriptum S.R.L publishing group

120 High Road, East Finchley, London, N2 9ED, United Kingdom
Str. Armeneasca 28/1, office 1, Chisinau MD-2012, Republic of Moldova, Europe
Printed at: see last page
ISBN: 978-620-6-17058-7

NOTRE NECESSITE DE TOUJOURS T'ADORER JESUS

Abandonnés entre tes mains.

Je parviendrai à l'autel de Dieu, au Dieu qui me fait danser de joie, et je te célébrerai sur la cithare. Dieu, mon Dieu ! Psaume 43, 4.

Evangéliste Athanase ZOGO
JERUSALEM MISSION EVANGELIQUE (JME)

SOMMAIRE

INTRODUCTION A L'ADORATION

L'adoration est au cœur de la foi chrétienne, mais il est parfois facile de la considérer comme un simple acte de culte ou une routine religieuse. En réalité, l'adoration est bien plus profonde et essentielle qu'une série de gestes ou de rituels. Elle représente une réponse authentique à la grandeur et à la bonté de Dieu, une expression de notre amour, de notre gratitude et de notre dévotion envers Lui.

Lorsque nous parlons d'adoration, nous faisons référence à une connexion spirituelle et personnelle avec Dieu, centrée particulièrement sur Jésus-Christ. Jésus n'est pas seulement le centre de notre foi ; il est l'objet ultime de notre adoration. En lui, nous voyons la plénitude de la divinité incarnée, l'ultime révélation de l'amour de Dieu et la source de notre rédemption. Adorer Jésus, c'est reconnaître sa souveraineté, célébrer son sacrifice et répondre à son appel avec tout notre être.

Cette introduction à l'adoration explore plusieurs aspects clés de ce sujet fondamental. Nous commençons par examiner la signification profonde de l'adoration dans le contexte chrétien, en soulignant comment elle diffère des simples expressions de piété ou des actes de culte formels. Nous verrons comment l'adoration s'enracine dans la relation personnelle que nous avons avec Jésus et comment elle se manifeste à travers nos pensées, nos paroles et nos actions.

L'adoration est également une réponse à la révélation divine. Tout comme les anges dans le ciel proclament la gloire de Dieu, notre adoration est une réponse à la révélation de la grandeur et de l'amour de Jésus. Elle est une reconnaissance de qui il est et de ce qu'il a accompli pour nous. À travers cette réponse, nous participons à un dialogue divin, où nos louanges et nos prières deviennent un écho de la vérité éternelle.

Nous abordons également le rôle de l'adoration dans la vie chrétienne quotidienne. Loin d'être une activité réservée aux moments de culte ou aux événements religieux, l'adoration est une pratique qui imprègne tous les aspects de notre vie. Adorer Jésus signifie vivre chaque jour dans une posture de gratitude et de dévotion, en cherchant à refléter son amour et sa sainteté dans nos actions et nos interactions.

À travers ce livre, nous nous penchons sur les différentes dimensions de l'adoration et comment elles enrichissent notre vie spirituelle. Nous explorons les diverses expressions de l'adoration, depuis la prière et la musique jusqu'au service et à la contemplation. Nous découvrons aussi comment l'adoration nous transforme, nous aide à grandir dans notre foi et nous rapproche de notre Seigneur.

L'adoration est une vocation et une réponse à l'appel divin. C'est une expérience personnelle mais aussi communautaire, une pratique qui nous unit dans une quête commune pour honorer Jésus en esprit et en vérité. Que ce voyage à travers les pages de ce livre nous rapproche davantage de notre Seigneur et renforce notre engagement à l'adorer avec tout notre cœur.

L'ADORATION COMME REPONSE A L'AMOUR DE DIEU

L'adoration, dans sa forme la plus pure et la plus authentique, est une réponse naturelle à l'amour incommensurable que Dieu nous offre. C'est un acte de reconnaissance, de gratitude et de dévotion qui naît directement de notre expérience de l'amour divin. L'amour de Dieu est le fondement sur lequel repose notre adoration. En effet, la Bible nous enseigne que Dieu est amour (1 Jean 4, 8) et que cet amour se manifeste de manière suprême dans la personne de Jésus-Christ. Dieu n'a pas simplement exprimé son amour par des paroles, mais par des actions concrètes et sacrifiées, notamment à travers le sacrifice de Jésus sur la croix. Ce sacrifice est la manifestation ultime de l'amour de Dieu pour l'humanité, une démonstration puissante de son désir ardent de nous réconcilier avec Lui.

Lorsque nous comprenons la profondeur de cet amour, notre réaction naturelle est de répondre par l'adoration. L'adoration devient alors une expression de notre gratitude et de notre émerveillement face à ce don inestimable. Jésus lui-même a enseigné que le plus grand commandement est d'aimer Dieu de tout notre cœur, de toute notre âme, de toute notre force et de toute notre pensée (Luc 10, 27). Cet amour est une réponse à l'amour de Dieu, et il se traduit par une vie de dévotion et d'adoration.

L'adoration est l'expression visible et audacieuse de notre amour pour Dieu. Dans les Écritures, nous trouvons de nombreux exemples de personnes qui ont adoré Dieu en réponse à son amour. Les Psaumes, par exemple, regorgent de déclarations de louange et de reconnaissance envers Dieu pour sa bonté, sa fidélité et son amour constant. Cette adoration n'est pas simplement une réaction émotionnelle mais une décision consciente de rendre à Dieu l'honneur et la gloire qu'il mérite. Chaque fois que nous méditons sur la vérité de l'amour de Dieu, nous sommes amenés à une plus grande adoration. L'amour de Dieu, révélé à travers les Écritures, l'œuvre de la croix et la présence du Saint-Esprit, nous invite à une réponse plus profonde. La compréhension de l'amour divin nous pousse à reconnaître notre propre petitesse et notre besoin de Lui, ce qui nourrit une adoration sincère et humilité.

L'amour de Dieu ne se manifeste pas seulement à travers le sacrifice de Jésus, mais aussi à travers sa miséricorde et sa grâce continues. Chaque jour, nous sommes les bénéficiaires de sa patience, de son pardon et de ses bénédictions. Cette reconnaissance de la miséricorde et de la grâce de Dieu nous amène à une adoration plus profonde. Nous adorons non seulement pour ce qu'Il a fait dans le passé, mais aussi pour ce qu'Il continue de faire dans notre vie quotidienne. L'adoration est également une réponse à la relation personnelle que nous avons avec Dieu. Lorsque nous expérimentons une connexion intime avec notre Créateur, notre désir de l'adorer se renforce. La prière, la méditation, et la lecture des Écritures deviennent des moyens par lesquels nous nourrissons cette relation et exprimons notre amour pour Dieu. En retour, cette relation nourrit notre adoration, créant un cycle d'amour réciproque et de dévotion.

L'adoration, en fin de compte, est la réponse la plus authentique que nous puissions offrir à l'amour de Dieu. C'est une réponse qui transcende les mots et les gestes pour devenir une partie intégrante de notre être. Lorsque nous adorons, nous répondons à l'amour que Dieu nous a manifesté par un amour et une dévotion authentiques. Cette réponse n'est pas simplement un acte ponctuel mais un style de vie, une expression quotidienne de notre gratitude et de notre admiration pour Celui qui nous aime au-delà de toute mesure.

L'ADORATION DANS LA BIBLE

L'adoration est un thème central dans la Bible, et elle joue un rôle fondamental dans la relation entre Dieu et son peuple. À travers les Écritures, nous découvrons diverses expressions et dimensions de l'adoration, qui reflètent à la fois la grandeur de Dieu et la réponse de l'humanité à cette grandeur. Dans l'Ancien Testament, Les sacrifices étaient une manière importante pour les Israélites d'adorer Dieu, en exprimant leur dévotion et en recherchant la réconciliation avec Lui (Exode 20, 24). Quant aux Psaumes, ils sont remplis de louanges, d'adoration et de prières qui reflètent le cœur des adorateurs israélites. Ils expriment la grandeur de Dieu et la réponse humaine à cette grandeur. Dans le livre de 1 Rois 8, 22 – 23, Salomon prie dans le Temple qu'il a construit pour Dieu, offrant des prières et des sacrifices en l'honneur de l'Éternel. Le Temple était le centre de l'adoration pour les Israélites, un lieu sacré où ils pouvaient rencontrer Dieu et Lui offrir leur adoration. Le chapitre 23 de Lévitique décrit les différentes fêtes que les Israélites étaient tenus de célébrer, telles que la Pâque, la Pentecôte et la Fête des Tabernacles. Ces célébrations étaient des occasions pour le peuple de se rassembler et d'adorer Dieu, en se remémorant ses actes puissants et en exprimant leur reconnaissance.

Dans le Nouveau Testament, il est écrit dans Jean 4, 23 - 24 : « Mais l'heure vient, et c'est maintenant, où les vrais adorateurs adoreront le Père en esprit et en vérité ; car ce sont là les adorateurs que le Père demande. Dieu est Esprit, et il faut que ceux qui l'adorent l'adorent en esprit et en vérité ». Jésus révèle que l'adoration n'est plus limitée à un lieu ou à des rituels spécifiques, mais qu'elle doit être une expression sincère du cœur et de l'esprit. Les premiers chrétiens se consacraient à l'enseignement des apôtres, à la communion fraternelle, à la fraction du pain et aux prières. Ils adoraient Dieu ensemble, partageant des repas et louant Dieu dans la simplicité et la sincérité de leurs cœurs. L'Apôtre Paul enseigne que notre adoration doit se manifester à travers notre vie entière, en offrant nos corps comme un sacrifice vivant, plutôt qu'à travers des rites ou des rituels : « Je vous exhorte donc, frères, par les compassions de Dieu, à offrir vos corps comme un sacrifice vivant, saint, agréable à Dieu, ce qui est de votre part un culte raisonnable » (Romains 12, 1). Le dernier livre de la Bible, Apocalypse, fait savoir que les créatures célestes et les vingt-quatre anciens adorent Dieu en lui rendant gloire, honneur et louange. Cette vision de Jean de l'adoration céleste souligne la grandeur de Dieu et l'adoration continue qui a lieu dans les cieux.

L'adoration biblique est une reconnaissance de la souveraineté et de la grandeur de Dieu. Elle exprime notre admiration pour sa puissance, sa sagesse et sa justice, ainsi que notre dépendance à Lui. Adorer Dieu, c'est reconnaître et exprimer notre gratitude pour ses bénédictions et sa grâce. C'est aussi affirmer notre foi en ses promesses et en sa fidélité. L'adoration est une réponse à la manière dont Dieu se révèle à nous à travers les Écritures, la création et notre expérience personnelle. C'est une réponse qui découle de notre compréhension de sa nature et de ses actions. L'adoration dans la Bible est riche et variée, reflétant à la fois la diversité des expressions humaines et la constance de la grandeur divine. Depuis les sacrifices du Temple jusqu'aux prières des premiers chrétiens, l'adoration a toujours été une manière pour le peuple de Dieu de répondre à sa révélation et de célébrer sa majesté.

LE ROLE DE JESUS DANS L'ADORATION CHRETIENNE

Dans la foi chrétienne, Jésus-Christ occupe une place centrale non seulement comme Sauveur mais aussi comme objet principal de notre adoration. L'adoration chrétienne est profondément liée à la compréhension de qui est Jésus et à ce qu'il a accompli pour nous. Le livre de Matthieu au chapitre 2, verset 11 nous fait comprendre que, les mages, venus d'Orient, ont adoré Jésus enfant en lui offrant des cadeaux précieux. Cette scène illustre la reconnaissance de la divinité de Jésus dès ses premiers jours sur terre. Jésus, en tant que Fils de Dieu, est digne de l'adoration divine, une place réservée à Dieu seul. A son chapitre 9, les versets 13 à 14, le livre des Actes affirme que l'apôtre Paul, avant sa conversion, persécutait ceux qui invoquaient le nom de Jésus, ce qui confirme la place et l'importance accordée à Jésus dans le culte chrétien primitif. Philippiens 2, 10 - 11 dit : « Afin qu'au nom de Jésus tout genou fléchisse, dans les cieux, sur la terre, et sous la terre, et que toute langue confesse que Jésus-Christ est Seigneur, à la gloire de Dieu le Père ». Cette proclamation de Jésus comme Seigneur et objet d'adoration montre son rôle central dans la foi chrétienne.

Jésus est notre médiateur, le Pont entre Dieu et l'humanité : 1 Timothée 2, 5 : « Car il y a un seul Dieu, et aussi un seul médiateur entre Dieu et les hommes, Jésus-Christ homme ». En tant que tel, il rend notre adoration possible en nous réconciliant avec Dieu par son sacrifice. Jésus continue de plaider notre cause devant le Père, ce qui rend notre adoration non seulement possible mais aussi acceptée.

La seigneurie de Jésus, en tant que Créateur et Sustenteur de toutes choses, justifie notre adoration en reconnaissance de sa souveraineté. « … en lui ont été créées toutes choses qui sont dans les cieux et sur la terre, les visibles et les invisibles, soit trônes, soit seigneuries, soit principautés, soit pouvoirs ; tout a été créé par lui et pour lui. Il est avant toutes choses, et toutes choses subsistent en lui » (Colossiens 1, 16 – 17). L'adoration chrétienne reconnaît Jésus non seulement comme Sauveur mais aussi comme Roi éternel, régnant sur l'univers.

Selon Luc 5, 16, Jésus a montré l'importance de la prière et de la communion avec Dieu, nous invitant à suivre son exemple d'adoration personnelle et dévouée. Jésus enseigne que l'adoration doit se faire en esprit et en vérité, soulignant que la véritable adoration est celle qui est sincère et profondément enracinée dans la réalité spirituelle (Jean 4, 23 - 24). Jésus lui-même est l'incarnation de cette vérité, modèle parfait de l'adoration pure.

Dans le livre d'Éphésiens 1, 22 – 23, il est écrit : « Et il a tout mis sous ses pieds, et il l'a donné pour tête à l'Église, qui est son corps, la plénitude de celui qui remplit tout en tous ». En tant que Chef de l'Église, Jésus guide notre adoration collective, nous unissant en Lui. En adorant Jésus, nous sommes transformés pour refléter sa gloire et grandir dans notre vie chrétienne. « Nous tous, qui, le visage découvert, réfléchissons comme dans un miroir la gloire du Seigneur, nous sommes transformés en cette même image, de gloire en gloire, comme par l'Esprit du Seigneur » (2 Corinthiens 3, 18). Jésus joue un rôle central et multifacette dans l'adoration chrétienne. En tant qu'objet de notre adoration, il est le Fils de Dieu digne de louanges. En tant que médiateur, il rend notre adoration possible en nous réconciliant avec le Père. En tant que Seigneur et Roi, il est l'autorité suprême qui reçoit notre adoration. Enfin, en tant que modèle, il nous montre comment adorer Dieu en esprit et en vérité. En comprenant ces dimensions du rôle de Jésus, nous pouvons approfondir notre adoration et vivre une relation plus intime et significative avec Lui.

L'ADORATION COMME ACTE DE FOI

L'adoration est profondément ancrée dans la foi chrétienne, et elle est intrinsèquement liée à notre confiance en Dieu et à notre engagement envers Lui. Adorer Dieu est bien plus qu'un simple rituel ou une pratique religieuse ; c'est une manifestation vivante de notre foi en Lui. « Or sans la foi il est impossible de lui être agréable ; car il faut que celui qui s'approche de Dieu croie que Dieu existe, et qu'il est le rémunérateur de ceux qui le cherchent » (Hébreux 11, 6). La foi est essentielle pour adorer Dieu de manière authentique. C'est en croyant en l'existence de Dieu et en Sa bonté que nous sommes capables de Lui rendre un culte véritable. Adorer Dieu implique une confiance totale en Lui. C'est une déclaration de notre croyance en Sa fidélité et en Sa capacité à répondre à nos besoins : « Ceux qui connaissent ton nom se confient en toi ; car tu n'abandonnes pas ceux qui te cherchent, ô Éternel ! » (Psaume 9, 10).

Après avoir perdu ses biens et sa famille, Job « se leva, déchira son manteau, rasa sa tête, et se jeta par terre pour adorer » (Job 1, 20 - 21). Malgré la souffrance extrême, Job choisit d'adorer Dieu, démontrant une foi profonde et inébranlable en la souveraineté divine. D'après Actes 16, 25, Paul et Silas, en dépit de leur emprisonnement à Philippes, prient et chantent des hymnes à Dieu en pleine nuit. Leur adoration va provoquer une manifestation de la puissance extraordinaire de Dieu dans la prison : les chaines de tous les prisonniers vont sauter et les barreaux brisés mais aucun ne s'enfuira. Cette adoration montre une foi vivante qui transcende les circonstances adverses, prouvant que la véritable adoration est ancrée dans la confiance en Dieu malgré les difficultés. La foi en les promesses de Dieu conduit à l'adoration. En reconnaissant que Dieu est fidèle à Ses promesses, nous L'adorons pour Sa fiabilité et Sa puissance : « Il ne douta point, par incrédulité, de la promesse de Dieu ; mais il fut fortifié par la foi, rendant gloire à Dieu, ayant la pleine conviction que ce qu'il promet, il peut aussi l'accomplir » (Romains 4, 20 - 21). En louant Dieu pour ce qu'Il a fait et pour ce qu'Il promet de faire, nous exprimons notre foi en Sa bonté et en Sa fidélité.

Marc 12, 30 dit : « Tu aimeras le Seigneur, ton Dieu, de tout ton cœur, de toute ton âme, de toute ta pensée, et de toute ta force ». L'adoration personnelle est une manifestation de notre amour et de notre foi en Dieu. Elle engage tout notre être dans une relation profonde et sincère avec Lui. Quant à l'adoration communautaire, elle reflète notre foi collective et renforce notre unité en tant que corps de Christ, nous encourageant mutuellement à vivre en accord avec la vérité de l'Évangile. Adorer Dieu avec un cœur sincère conduit à une transformation personnelle, nous rendant plus semblables à Jésus. La pratique de l'adoration nourrissante est un moyen par lequel Dieu œuvre dans notre vie pour nous transformer et nous sanctifier : « Que le Dieu de paix lui-même vous sanctifie entièrement ; et que tout votre être, esprit, âme et corps, soit conservé irréprochable lors de l'avènement de notre Seigneur Jésus-Christ » (1 Thessaloniciens 5, 23).

L'adoration est un acte de foi profond qui transcende les circonstances et les émotions. Elle est une expression vivante de notre confiance en Dieu, de notre adhésion à Ses promesses et de notre engagement envers Lui. En adorant, nous affirmons notre foi dans la nature de Dieu, Sa fidélité, et Sa capacité à agir dans nos vies. L'adoration, en tant qu'acte de foi, devient alors un moyen par lequel nous expérimentons une relation plus riche et plus profonde avec notre Créateur, et par lequel nous participons à Sa transformation continue dans nos vies.

LA PRIERE ET L'ADORATION

La prière et l'adoration sont deux aspects essentiels de la vie chrétienne, profondément interconnectés dans leur but de cultiver une relation plus intime avec Dieu. Tandis que la prière est souvent vue comme un dialogue avec Dieu, l'adoration est une réponse à Sa grandeur et à Son amour. Philippiens 4, 6 dit : « Ne vous inquiétez de rien ; mais en toutes choses faites connaître vos besoins à Dieu par des prières et des supplications avec des actions de grâce ». La prière est un acte de communication avec Dieu où nous Lui exposons nos besoins, nos préoccupations et notre gratitude. C'est un moyen par lequel nous entretenons une relation vivante et personnelle avec Lui. Chaque type de prière joue un rôle dans l'établissement d'une connexion constante avec Dieu. A cet effet, 1 Thessaloniciens 5, 17 nous invite à prier de diverses manières : pour nos besoins personnels, pour les autres, pour la guidance divine, et pour rendre grâce (« Priez sans cesse »).

L'adoration est un acte de louange et de reconnaissance de la grandeur de Dieu (Jean 4, 24). C'est une réponse naturelle à la révélation de Sa nature et de Ses œuvres. L'adoration dans les Écritures est souvent une posture d'humilité et de révérence, reflétant notre respect et notre amour pour Dieu : « Venez, prosternons-nous, inclinons-nous, fléchissons le genou devant l'Éternel, notre Créateur ! » (Psaume 95, 6).

Le roi David dans le Psaume 145, versets 1 et 2 déclare « Je t'exalterai, mon Dieu, mon Roi, et je bénirai ton nom à jamais et pour l'éternité. Tous les jours je te bénirai, et je louerai ton nom à jamais et pour l'éternité ». La prière peut être un acte d'adoration lorsque nous nous concentrons sur la grandeur de Dieu et que nous Lui rendons gloire par nos paroles. Particulièrement dans le Notre Père que le Seigneur Jésus Christ enseigne à ses disciples, la prière commence par une déclaration d'adoration : « Notre Père qui es aux cieux ! Que ton nom soit sanctifié » (Matthieu 6, 9). Cette reconnaissance de la sainteté de Dieu est un élément crucial de notre approche dans la prière, établissant un fondement de respect et de révérence. En intégrant la prière et l'adoration dans notre vie quotidienne, nous transformons chaque aspect de notre existence en une opportunité pour honorer Dieu. « Réjouissez-vous toujours. Priez sans cesse. Rendez grâce en toutes choses, car c'est la volonté de Dieu en Jésus-Christ pour vous » nous le dit 1 Thessaloniciens 5, 16 – 18. Les moments de prière peuvent être des occasions d'adorer Dieu, non seulement en exprimant nos besoins mais aussi en Le louant et en Lui rendant grâce pour ce qu'Il est et pour ce qu'Il fait.

La prière et l'adoration nous rapprochent de Dieu (Jacques 4, 8), renforçant notre relation avec Lui. Elles créent un espace pour écouter Sa voix, recevoir Sa guidance, et expérimenter Sa présence de manière plus intime. La pratique régulière de la prière et de l'adoration nous transforme, nous rendant plus semblables à Christ et enrichissant notre vie spirituelle.

La prière et l'adoration sont des expressions profondes de notre foi chrétienne. Tandis que la prière est un dialogue avec Dieu qui inclut nos demandes, nos préoccupations et notre gratitude, l'adoration est une réponse à la grandeur divine qui célèbre Sa majesté et Sa bonté. En intégrant ces pratiques dans notre vie quotidienne, nous cultivons une relation plus riche et plus significative avec Dieu, et nous permettons à Sa présence de transformer nos vies. La prière et l'adoration, lorsqu'elles sont pratiquées ensemble, créent une harmonie spirituelle qui nourrit notre âme et renforce notre foi.

LES FORMES D'ADORATION

L'adoration chrétienne se manifeste de multiples façons, reflétant la diversité des cultures, des traditions et des expressions personnelles au sein du corps de Christ. Chaque forme d'adoration peut être un moyen puissant de glorifier Dieu et de cultiver une relation plus profonde avec Lui.

Le Psaume 100, aux versets 1 et 2 dit : « Poussez vers l'Éternel des cris de joie, vous tous, habitants de la terre ! Servez l'Éternel avec joie, venez avec des chants de joie ! ». Le chant et la musique sont donc des expressions courantes de l'adoration dans les Églises chrétiennes. Ils permettent aux croyants de louer Dieu de manière vivante et émotionnelle, créant un espace pour l'exaltation collective. Les services d'adoration en Église utilisent souvent la musique pour guider les croyants dans des moments de louange collective, mettant en avant la gloire et la grandeur de Dieu.

A la manière du roi David dans le Psaume 145, la prière de louange est un moyen de célébrer et d'exprimer notre admiration pour Dieu. Elle est souvent remplie de reconnaissance pour Ses attributs et Ses œuvres. La prière d'intercession et de supplication est également une forme d'adoration, car elle implique une confiance en Dieu pour répondre à nos besoins et ceux des autres. Philippiens 4, 6 dit à ce sujet : « Ne vous inquiétez de rien ; mais en toutes choses faites connaître vos besoins à Dieu par des prières et des supplications avec des actions de grâce ».

Étudier et méditer les Écritures est aussi une forme d'adoration, car cela nous permet de mieux comprendre la volonté de Dieu et de Lui rendre hommage par notre obéissance et notre foi. La Bible nous le rappelle dans le livre de Josué au chapitre 1, verset 8 : « Que ce livre de la loi ne s'éloigne point de ta bouche, mais médite-le jour et nuit, afin que tu agisses fidèlement selon tout ce qui est écrit ; car c'est alors que tu auras du succès dans tes voies, c'est alors que tu réussiras ». L'enseignement et la prédication basés sur la Parole de Dieu sont des actes d'adoration, car ils permettent de proclamer la vérité divine et d'élever le nom de Dieu parmi les croyants.

Il est écrit dans Matthieu 25, 40, « Et le Roi leur répondra : En vérité, je vous le dis, chaque fois que vous l'avez fait à l'un de ces plus petits de mes frères, c'est à moi que vous l'avez fait ». Servir les autres en suivant l'exemple de Christ est une forme d'adoration, car cela manifeste notre amour pour Dieu à travers notre amour pour nos prochains. Engager des actions de justice sociale et de miséricorde est une forme d'adoration qui reflète les valeurs du Royaume de Dieu. « On t'a fait connaître, ô homme, ce qui est bien ; et ce que l'Éternel demande de toi : c'est que tu pratiques la justice, que tu aimes la miséricorde, et que tu marches humblement avec ton Dieu » (Michée 6, 8).

La contemplation de la nature et de la création est une forme d'adoration, car elle nous permet de reconnaître la grandeur et la beauté de Dieu à travers Son œuvre. Le silence et le recueillement offrent un espace pour écouter la voix de Dieu, méditer sur Ses paroles et adorer dans la tranquillité de l'esprit. A ce propos, Lamentations 3, 26 déclare : « Il est bon d’attendre en silence le salut de l’Éternel ».

L’adoration par le sacrifice de soi implique de vivre une vie de dévotion et d’engagement envers Dieu, en mettant de côté nos propres désirs pour suivre Sa volonté. Suivre Jésus avec dévouement et persévérance est une forme d'adoration qui démontre notre engagement envers Sa mission et Ses enseignements.

Les formes d'adoration sont variées et reflètent la richesse de la relation entre Dieu et l'humanité. Chacune d’elles offre un moyen unique de glorifier Dieu et de renforcer notre connexion avec Lui. En explorant et en pratiquant ces différentes formes, nous pouvons enrichir notre vie spirituelle, en rendant hommage à Dieu dans toutes les dimensions de notre existence. Que ce soit à travers le chant, la prière, le service, la contemplation ou le sacrifice, chaque forme d'adoration nous invite à célébrer et à honorer notre Créateur de manière authentique et profonde.

ADORER EN ESPRIT ET EN VERITE

Dans Jean 4, verset 24, Jésus déclare : « Dieu est Esprit, et il faut que ceux qui l'adorent l'adorent en esprit et en vérité. » Cette déclaration, faite à la Samaritaine au puits de Jacob, est fondamentale pour comprendre la nature de l'adoration chrétienne. Adorer en esprit et en vérité signifie que l'adoration doit être authentique, sincère et centrée sur la réalité de la nature divine de Dieu. Adorer en esprit implique que notre adoration vient du cœur, de notre être intérieur, et non simplement de nos actions extérieures. C'est une adoration qui émane d'une relation profonde et personnelle avec Dieu. Dans Matthieu 15, 8, Jésus critique les pharisiens pour leur adoration superficielle (« Ce peuple m'honore des lèvres, mais son cœur est éloigné de moi »). Adorer en esprit signifie que notre cœur doit être pleinement engagé, sincèrement tourné vers Dieu, et non seulement nos paroles ou actions externes.

L'Esprit Saint joue un rôle crucial dans cette adoration, en nous aidant à prier et à adorer selon la volonté de Dieu, et en nous guidant vers une adoration authentique qui reflète notre identité en Christ. Adorer en esprit implique de vivre une vie où chaque acte est dirigé vers Dieu, intégrant la pratique de la foi dans tous les aspects de notre quotidien : « Que la parole de Christ habite parmi vous avec abondance... Et quoi que vous fassiez, en parole ou en œuvre, faites tout au nom du Seigneur Jésus, en rendant grâce par lui à Dieu le Père » (Colossiens 3, 16 - 17).

Adorer en vérité implique de reconnaître et d'honorer Dieu tel qu'Il est révélé dans Sa Parole. Cela signifie que notre adoration doit être basée sur une compréhension correcte de la nature et des attributs de Dieu, tels qu'ils sont décrits dans les Écritures. Adorer en vérité nécessite également d'être vigilant contre les fausses doctrines et les idées erronées sur Dieu : « Bien-aimés, ne croyez pas à tout esprit, mais éprouvez les esprits pour savoir s'ils sont de Dieu » (1 Jean 4, 1). Notre adoration doit être guidée par la vérité biblique, non par des traditions ou des interprétations personnelles qui ne sont pas en accord avec la révélation divine. Une adoration vraie est accompagnée d'une vie qui reflète l'intégrité et l'amour de Dieu. Adorer en vérité inclut également la sincérité dans nos relations et notre comportement. « Enfin, frères, que tout ce qui est vrai, tout ce qui est honorable, tout ce qui est juste, tout ce qui est pur, tout ce qui est aimable, tout ce qui est de bonne réputation, tout ce qu'il y a de vertu et tout ce qu'il y a de louable, soit l'objet de vos pensées » (Philippiens 4, 8). Adorer en vérité signifie aussi que nos pensées et nos actions doivent être en accord avec les principes de la vérité divine.

Adorer en esprit et en vérité nous permet d'approcher Dieu avec assurance et sincérité, favorisant une relation plus profonde et plus authentique avec Lui. L'adoration véritable, ancrée dans l'esprit et la vérité, a le pouvoir de nous transformer, en nous conformant davantage à l'image de Christ : « Nous tous, qui, le visage découvert, réfléchissons comme dans un miroir la gloire du Seigneur, nous sommes transformés en cette même image, de gloire en gloire, comme par l'Esprit du Seigneur » (2 Corinthiens 3, 18). Adorer en esprit et en vérité est un appel à vivre une adoration qui soit à la fois intérieurement authentique et conforme à la réalité divine. C'est une adoration qui naît d'une relation personnelle avec Dieu, guidée par la vérité révélée dans les Écritures, et intégrée dans notre vie quotidienne. En cherchant à adorer Dieu de cette manière, nous expérimentons une relation plus profonde avec Lui, et nous sommes transformés pour refléter Sa gloire dans tous les aspects de notre existence.

L'ADORATION DANS LA COMMUNAUTE CHRETIENNE

L'adoration dans la communauté chrétienne est une pratique collective qui reflète la foi et la dévotion des croyants réunis en un seul corps pour honorer Dieu. Elle joue un rôle central dans la vie de l'Église, favorisant l'unité, l'édification spirituelle, et la proclamation de la grandeur de Dieu. L'adoration communautaire renforce l'unité entre les membres de l'Église, créant un espace pour la communion et le soutien mutuel : « Ils persévéraient dans l'enseignement des apôtres, dans la communion fraternelle, dans la fraction du pain et dans les prières... Le Seigneur ajoutait chaque jour à l'église ceux qui étaient sauvés » (Actes 2, 46 – 47). La pratique collective de l'adoration est essentielle pour construire une communauté unie dans la foi. L'adoration communautaire permet l'édification spirituelle des membres de l'Église en offrant des occasions pour l'enseignement, la louange, et le partage des dons spirituels. Matthieu 18, 20 dit : « Car là où deux ou trois sont assemblés en mon nom, je suis au milieu d'eux ». L'adoration communautaire est une occasion de proclamer l'Évangile et de témoigner de la présence de Dieu dans la communauté. C'est un moment pour partager la bonne nouvelle de Jésus-Christ avec les autres et pour célébrer ensemble la foi chrétienne.

La musique est un élément central de l'adoration communautaire, permettant aux croyants de louer Dieu ensemble, de manifester leur joie et de méditer sur les vérités spirituelles à travers des hymnes, des cantiques et des chants. Les prières collectives sont essentielles dans l'adoration communautaire, favorisant l'unité dans la supplication, la louange, et l'intercession pour les besoins de la communauté et du monde. Dans 1 Corinthiens 11, 23, l'apôtre Paul déclare : « Car j'ai reçu du Seigneur ce que je vous ai enseigné, c'est que le Seigneur Jésus, dans la nuit où il fut livré, prit du pain... Célébrez ceci en mémoire de moi ». La célébration de la Sainte-Cène et du baptême sont des actes d'adoration communautaire qui rappellent les sacrifices de Jésus et affirment la foi collective de l'Église.

L'adoration communautaire offre un espace pour encourager et soutenir les uns les autres dans la foi, renforçant les liens entre les membres de l'Église. Participer à l'adoration communautaire aide les individus à affirmer et à renforcer leur propre foi, en les plongeant dans une atmosphère de louange et de méditation spirituelle : « Entretenez-vous les uns les autres par des psaumes, des hymnes et des cantiques spirituels, chantant et célébrant de tout votre cœur les louanges du Seigneur » dit Éphésiens 5, 19. L'adoration communautaire forme et renforce l'identité chrétienne des membres de l'Église, en affirmant leur appel et leur rôle dans le Royaume de Dieu : (1 Pierre 2, 9) « Vous êtes la génération élue, le sacerdoce royal, la nation sainte, le peuple acquis, afin que vous annonciez les vertus de celui qui vous a appelés des ténèbres à son admirable lumière ».

L'adoration communautaire peut inclure une variété d'expressions culturelles et stylistiques, reflétant la diversité des membres de l'Église tout en maintenant l'unité dans la foi. Chaque culture apporte ses propres richesses et perspectives à l'adoration collective. L'adoration communautaire permet l'intégration des dons spirituels de chaque membre, en offrant des occasions pour des contributions variées telles que la prophétie, l'enseignement, et la guérison, enrichissant ainsi l'expérience d'adoration collective.

L'unité dans la diversité est un défi, mais il est crucial pour maintenir une adoration communautaire harmonieuse. Dans Philippiens 2, 2 il est écrit : « Rendez ma joie complète, ayant un même sentiment, un même amour, une même âme, une même pensée ». Les membres doivent travailler ensemble pour apprécier les différences tout en poursuivant un objectif commun de glorification de Dieu. Il est important que l'adoration communautaire ne devienne pas une routine superficielle, mais qu'elle reste une expression sincère et significative de la foi des participants.

Dans la communauté chrétienne, l'adoration est une pratique vitale qui renforce l'unité, l'édification spirituelle, et la proclamation de l'Évangile. En intégrant divers aspects tels que le chant, les prières, et la célébration des sacrements, l'adoration communautaire contribue à la croissance personnelle et collective des croyants. Malgré les défis, elle demeure un moyen puissant de vivre et de manifester la foi chrétienne ensemble. En continuant à chercher une adoration sincère et authentique, la communauté chrétienne peut véritablement glorifier Dieu et refléter Son amour au monde.

LE JEUNE ET L'ADORATION

Le jeûne est une pratique spirituelle ancienne qui joue un rôle significatif dans la vie chrétienne. Il est souvent associé à l'adoration, car il crée un espace pour la concentration sur Dieu, la repentance, et la recherche de Sa volonté. « Lorsque vous jeûnez, ne prenez pas un air abattu comme les hypocrites, car ils se rendent le visage triste pour montrer aux hommes qu'ils jeûnent. En vérité, je vous le dis, ils ont reçu leur récompense. Mais toi, lorsque tu jeûnes, parfume ta tête et lave ton visage, afin que ton jeûne ne se manifeste pas aux hommes, mais à ton Père qui est dans le secret ; et ton Père, qui voit dans le secret, te le rendra » (Matthieu 6, 16 - 18). Le jeûne, dans son sens biblique, est une abstinence volontaire de nourriture ou de certains aliments pour une période déterminée, dans le but de se concentrer sur Dieu. Le jeûne est souvent entrepris pour rechercher la guidance divine, exprimer la repentance, ou demander l'intervention de Dieu dans des situations particulières. C'est un acte de dépendance et de dévotion envers Dieu.

Le jeûne, lorsqu'il est associé à la prière, devient un moyen de se concentrer sur Dieu et de chercher Sa volonté : « Comme ils servaient le Seigneur et jeûnaient, l'Esprit Saint dit : 'Mettez-moi à part Barnabas et Saul pour l'œuvre à laquelle je les ai appelés.' Alors, après avoir jeûné et prié, ils leur imposèrent les mains et les laissèrent partir » (Actes 13, 2 - 3). C'est une forme d'adoration qui exprime notre dépendance totale à Dieu et notre désir de Lui plaire. Le jeûne est souvent un acte de repentance, une façon de manifester notre contrition et de rechercher la purification spirituelle. Cette attitude d'humilité est une forme profonde d'adoration. Le jeûne aide à affiner notre désir pour Dieu, en éliminant les distractions et en nous concentrant sur nos besoins spirituels. Il nous aide à exprimer notre soif de Dieu et notre désir de vivre en accord avec Sa volonté. Le Psaume 42, 2 dit à ce propos : « Comme une biche soupire après des courants d'eau, ainsi mon âme soupire après toi, ô Dieu ».

Matthieu 6, 17 - 18 dit : « Mais toi, lorsque tu jeûnes, parfume ta tête et lave ton visage, afin que ton jeûne ne se manifeste pas aux hommes, mais à ton Père qui est dans le secret ; et ton Père, qui voit dans le secret, te le rendra ». Le jeûne personnel est une pratique intime qui enrichit notre adoration en nous permettant de nous rapprocher de Dieu de manière plus profonde et sincère. Le jeûne communautaire quant à lui, est une pratique qui réunit les croyants pour chercher Dieu ensemble, affirmer leur dépendance collective, et renforcer les liens spirituels entre eux. Le jeûne est parfois entrepris en réponse à des situations critiques ou des défis importants, comme une façon de rechercher la guidance et l'intervention divine : « Va, rassemble tous les Juifs qui se trouvent à Suse, et jeûnez pour moi ; ne mangez ni ne buvez pendant trois jours, ni nuit, ni jour. Moi aussi, avec mes servantes, je jeûnerai de même. Ensuite, j'irai vers le roi, bien que ce ne soit pas selon la loi ; et si je péris, je péris » (Esther 4, 16).

Le jeûne doit aller au-delà des aspects externes et cérémoniels pour être un véritable acte d'adoration. Il doit refléter une transformation intérieure et un engagement authentique envers la justice et la compassion. Il est important de maintenir un équilibre entre les pratiques spirituelles telles que le jeûne et la vie quotidienne, en veillant à ce que le jeûne ne devienne pas une fin en soi, mais un moyen de se rapprocher de Dieu et d'approfondir notre adoration.

Le jeûne, en tant que pratique spirituelle, joue un rôle important dans l'adoration chrétienne. Il permet de concentrer notre attention sur Dieu, de manifester la repentance et de chercher Sa volonté avec sincérité. Qu'il soit pratiqué individuellement ou en communauté, le jeûne enrichit notre adoration en nous offrant une occasion de nous détacher des distractions mondaines et de nous engager plus profondément dans notre relation avec Dieu. En évitant la superficialité et en intégrant le jeûne dans une vie de foi équilibrée, nous pouvons expérimenter une adoration plus authentique et transformative.

LA MEDITATION SUR LES ÉCRITURES

La méditation sur les Écritures est une pratique spirituelle essentielle dans la vie chrétienne. Elle implique une réflexion profonde et personnelle sur la Parole de Dieu, permettant ainsi une compréhension plus riche et une application pratique des enseignements bibliques dans la vie quotidienne. « Que ce livre de la loi ne s'éloigne pas de ta bouche, mais médite-le jour et nuit, afin de veiller à agir fidèlement selon tout ce qui est écrit dans ce livre. Car c'est alors que tu auras du succès dans tes affaires, c'est alors que tu prospéreras » (Josué 1, 8). La méditation biblique consiste à réfléchir profondément sur les passages des Écritures, en les répétant, en les mémorisant, et en les appliquant à notre vie. C'est un processus de contemplation qui vise à intégrer les vérités bibliques dans notre cœur et notre esprit.

L'objectif de la méditation est de découvrir et d'approfondir notre compréhension de la volonté de Dieu, d'être transformé par Sa Parole, et de permettre à la vérité biblique de guider et d'enrichir notre vie quotidienne. Le Psaume 1, versets 1 - 2 dit : « Heureux l'homme qui ne prend pas le parti des méchants, ne s'arrête pas sur le chemin des pécheurs et ne s'assied pas au banc des moqueurs, mais qui trouve son plaisir dans la loi de l'Éternel, et qui médite sa loi jour et nuit ». Contrairement à une simple lecture ou étude des Écritures, la méditation implique une réflexion plus profonde et une interaction personnelle avec les textes bibliques. Elle permet une immersion plus complète dans la Parole de Dieu, en cherchant non seulement à comprendre les mots mais à en saisir le sens profond et l'application pratique. Dans Romains 12, 2 il est écrit : « Ne vous conformez pas au siècle présent, mais soyez transformés par le renouvellement de l'intelligence, pour que vous discerniez quelle est la volonté de Dieu, ce qui est bon, agréable et parfait ». La méditation sur les Écritures transforme notre pensée et notre comportement, en renouvelant notre esprit et en nous aidant à adopter les valeurs et les priorités de Dieu.

La méditation nous permet de pénétrer plus profondément dans les mystères spirituels de Dieu, d'approfondir notre connaissance de Lui, et de comprendre davantage Ses plans pour nous. Éphésiens 1, 17 - 18 déclare : « Je demande que le Dieu de notre Seigneur Jésus-Christ, le Père de gloire, vous donne un esprit de sagesse et de révélation dans sa connaissance. Que les yeux de votre cœur soient éclairés, pour que vous sachiez quelle est l'espérance qui s'attache à son appel, quelle est la richesse de la gloire de son héritage dans les saints ». La méditation sur les Écritures aide à fortifier notre relation avec Dieu en nous permettant de connaître Sa volonté, de recevoir Sa guidance, et de répondre à Son amour avec une obéissance fidèle.

« Je serre ta parole dans mon cœur, afin de ne pas pécher contre toi » (Psaume 119, 11). Une méthode efficace de méditation est de lire les passages bibliques plusieurs fois, en les mémorisant et en les répétant, afin de laisser les vérités bibliques imprégner notre esprit et notre cœur. Après avoir lu un passage, réfléchissez à son sens et à son application dans votre vie. Posez-vous des questions telles que : Comment ce passage s'applique-t-il à ma situation actuelle ? Que me demande Dieu à travers cette Écriture ? « Car la parole de Dieu est vivante et efficace, plus tranchante qu'une épée quelconque à deux tranchants, pénétrante jusqu'à séparer âme et esprit, jointures et moelles, et capable de juger les pensées et les intentions du cœur » (Hébreux 4, 12). Utilisez des questions pour guider votre méditation, telles que : Quelles sont les promesses dans ce passage ? Quels attributs de Dieu sont révélés ? Quels sont les commandements ou les exhortations ? Combinez la méditation avec la prière en demandant à Dieu de vous révéler des vérités personnelles à travers les Écritures, et en Lui offrant vos réflexions et vos réponses.

Dans Hébreux 12, 1 il est écrit : « Nous donc aussi, ayant autour de nous une si grande nuée de témoins, rejetons tout fardeau et le péché qui nous enveloppe si facilement, et courons avec patience l'épreuve qui nous est proposée ». La méditation nécessite une discipline régulière et une concentration. Il peut être difficile de trouver le temps ou de rester engagé, mais persévérer dans cette pratique est essentiel pour bénéficier de ses fruits spirituels. Il est important de ne pas se contenter de comprendre les Écritures de manière superficielle, mais de rechercher une compréhension plus profonde et plus significative « Sachant tout d'abord vous-mêmes qu'aucune prophétie [...] n'a jamais été produite par la volonté de l'homme, mais c'est poussés par le Saint-Esprit que des hommes ont parlé de la part de Dieu » (2 Pierre 1, 20 - 21).

La méditation sur les Écritures est une pratique fondamentale pour la croissance spirituelle et la relation avec Dieu. En réfléchissant profondément sur la Parole de Dieu, en l'intégrant dans notre vie quotidienne, et en cherchant à l'appliquer de manière pratique, nous pouvons expérimenter une transformation spirituelle significative. Bien que la méditation présente des défis, elle offre des bienfaits riches et profonds pour notre vie chrétienne. En intégrant cette discipline dans notre routine quotidienne, nous permettons à la Parole de Dieu de nourrir et de guider notre vie.

L'ADORATION EN TEMPS DE SOUFFRANCE

L'adoration en temps de souffrance est une dimension profonde de la vie chrétienne. Face aux épreuves, à la douleur et aux défis, l'adoration peut sembler difficile, mais elle devient une source de force, de réconfort, et de renouvellement spirituel. Dans le livre de Job 1, 21 il est écrit : « Il dit : 'Je suis sorti nu du ventre de ma mère, et nu je retournerai. L'Éternel a donné, et l'Éternel a ôté ; que le nom de l'Éternel soit béni !' ». Job, malgré ses souffrances extrêmes, choisit d'adorer Dieu et de bénir Son nom. Sa réponse montre que l'adoration peut persister même au milieu de la douleur, en reconnaissant la souveraineté de Dieu et en maintenant une attitude de foi. « Or la foi est une ferme assurance des choses qu'on espère, une démonstration de celles qu'on ne voit pas » (Hébreux 11, 1). L'adoration en temps de souffrance est un acte de foi qui déclare notre confiance en la bonté et la fidélité de Dieu, même lorsque les circonstances sont contraires à cette croyance. Adorer en temps de souffrance est une manière de proclamer la souveraineté de Dieu et de reconnaître qu'Il est notre refuge et notre force malgré les difficultés. « Dieu est pour nous un refuge et un appui, un secours toujours présent dans la détresse. C'est pourquoi nous n'avons aucune crainte, quand la terre est bouleversée et que les montagnes chancellent au cœur des mers » (Psaume 46, versets 1 - 2).

Même en prison, battus et dans la douleur, Paul et Silas ont adoré Dieu à travers la prière et le chant, montrant comment l'adoration peut être une réponse puissante à la souffrance (Actes 16, 25). David, dans le

Psaume 42, exprime sa douleur et son désespoir, mais il finit par une déclaration de confiance et d'adoration, montrant que l'adoration peut inclure la lamentation tout en affirmant la foi : « Je dirai à Dieu, mon rocher : 'Pourquoi m'oublies-tu ? Pourquoi dois-je marcher dans la tristesse, sous l'oppression de l'ennemi ?' Mes os se consument quand mes adversaires m'outragent, en me disant tout le jour : 'Où est ton Dieu ?' Pourquoi te décourager, mon âme, et gémir sur moi ? Espère en Dieu, car je le louerai encore ; il est mon salut et mon Dieu ». Jésus, face à l'angoisse de Sa crucifixion, prie avec une profonde soumission à la volonté du Père : « 'Père, si tu veux, éloigne de moi cette coupe ; cependant, que non pas ma volonté, mais la tienne se fasse.' » (Luc 22, 42). Son acte de prière dans la souffrance est également une forme d'adoration, montrant l'acceptation et la confiance dans le plan de Dieu.

L'adoration en temps de souffrance peut apporter une paix intérieure, en nous aidant à nous concentrer sur la présence et les promesses de Dieu plutôt que sur nos problèmes : « Ne vous inquiétez de rien ; mais en toutes choses faites connaître vos demandes à Dieu par des prières et des supplications avec des actions de grâce. Et la paix de Dieu, qui dépasse toute intelligence, gardera vos cœurs et vos pensées en Jésus-Christ » (Philippiens 4, 6 - 7). En adorant Dieu malgré les épreuves, notre foi est fortifiée et purifiée, produisant la patience et une plus grande maturité spirituelle. Notre manière d'adorer Dieu en temps de souffrance peut servir de puissant témoignage aux autres, montrant la réalité et la force de notre foi : « Mes frères, regardez comme une grande joie les diverses épreuves auxquelles vous pouvez être exposés, sachant que l'épreuve de votre foi produit la patience. Mais il faut que la patience accomplisse parfaitement son œuvre, afin que vous soyez parfaits et accomplis, sans faillir en rien » (Jacques 1, 2 - 4).

Ne pas hésiter à exprimer honnêtement vos douleurs et vos sentiments devant Dieu dans la prière : « Confiez-vous en lui, en tout temps, ô peuple ; répandez devant lui votre cœur. Dieu est notre refuge » (Psaume 62, 8). La vulnérabilité et l'honnêteté avec Dieu sont des aspects essentiels de l'adoration en temps de souffrance. Lire et méditer les Écritures peut fournir des réconforts et des encouragements précieux pendant les périodes difficiles, renforçant notre foi et notre adoration. S'appuyer sur la communauté chrétienne pour le soutien et la prière peut alléger le poids de la souffrance et encourager une adoration collective, même en période de difficulté. Galates 6, 2 dit à ce sujet : « Portez les fardeaux les uns des autres, et vous accomplirez ainsi la loi de Christ ». Cultiver une attitude de gratitude malgré les circonstances peut transformer notre perspective et nous aider à adorer Dieu avec un cœur reconnaissant.

Adorer en temps de souffrance est une démarche courageuse et puissante. Elle implique de reconnaître la souveraineté et la bonté de Dieu même lorsque nous sommes confrontés à des épreuves et à des douleurs. En regardant au-delà des circonstances immédiates et en se concentrant sur la vérité éternelle de la Parole de Dieu, nous trouvons réconfort, force, et un témoignage de foi puissant. L'adoration en temps de souffrance nous permet de maintenir une connexion profonde avec Dieu, même lorsque les vagues de la vie semblent déferler sur nous.

L'ADORATION ET LA REPENTANCE

L'adoration et la repentance sont des aspects profondément interconnectés de la vie chrétienne. Alors que l'adoration est un acte de reconnaissance et de vénération envers Dieu, la repentance est un acte de confession et de changement par rapport à nos péchés. Ensemble, ces deux pratiques jouent un rôle essentiel dans notre relation avec Dieu, purifiant notre cœur et fortifiant notre foi. « Les sacrifices qui sont agréables à Dieu, c'est un esprit brisé ; O Dieu, tu ne dédaignes pas un cœur brisé et contrit » (Psaume 51, 17). La repentance authentique est souvent accompagnée d'une adoration profonde, car elle conduit à une compréhension plus claire de la miséricorde et de la grâce de Dieu. En reconnaissant nos péchés et en demandant pardon, nous pouvons adorer Dieu avec un cœur renouvelé et sincère. La repentance prépare notre cœur pour une adoration véritable en nous libérant des obstacles spirituels qui pourraient entraver notre communion avec Dieu : « Si donc tu présentes ton offrande sur l'autel, et que là tu te souviennes que ton frère a quelque chose contre toi, laisse là ton offrande devant l'autel, et va d'abord te réconcilier avec ton frère ; puis viens présenter ton offrande » (Matthieu 5, 23 - 24). Une vie non repentante peut assombrir notre adoration, tandis que la repentance ouvre la voie à une relation plus pure avec Dieu.

David, après son péché avec Bath-Shéba, exprime une repentance profonde à travers le Psaume 51, en demandant la purification et la restauration. Cette repentance sincère est suivie d'une adoration renouvelée, reconnaissant la grandeur de la miséricorde divine. Lorsque les habitants de Ninive se repentent de leurs péchés, ils manifestent une attitude collective de repentance qui mène à la grâce de Dieu : « Les gens de Ninive crurent à Dieu, et ils publièrent un jeûne, et se vêtirent de sacs, depuis les plus grands jusqu'aux plus petits. La nouvelle parvint au roi de Ninive ; il se leva de son trône, se déposa de son manteau royal, se coucha de sacs, et s'assit sur la cendre » (Jonas 3, 5 - 6). Cette repentance est liée à leur adoration, exprimée par leur retour sincère à Dieu. La repentance de Paul sur le chemin de Damas est suivie d'une adoration radicale et d'une mission dédiée : « Et aussitôt quelque chose comme des écailles tomba de ses yeux, et il retrouva la vue ; il se leva et fut baptisé » (Actes 9, 18). Sa transformation illustre comment la repentance peut conduire à une adoration enthousiaste et à un engagement profond pour Dieu.

La repentance nettoie notre cœur des impuretés du péché, nous rendant aptes à une adoration plus pure. En confessant et en abandonnant nos péchés, nous nous rapprochons de Dieu, permettant à notre adoration de refléter une vraie relation avec Lui. La repentance restaure la communion interrompue par le péché, rendant notre adoration plus significative et efficace. En rétablissant notre relation avec Dieu, nous pouvons adorer avec une pleine conscience de Sa présence et de Sa grâce. 2 Corinthiens 7, 10 dit : « Car la tristesse selon Dieu produit une repentance qui mène au salut, dont on ne se repent pas ; mais la tristesse du monde produit la mort ». La repentance sincère, accompagnée d'adoration, conduit à une croissance spirituelle et à une transformation.

Elle nous aide à évoluer en conformité avec la volonté de Dieu et à approfondir notre vie chrétienne. Pratiquez la confession régulière et sincère devant Dieu pour maintenir un cœur pur et une relation rétablie avec Lui, ce qui ouvre la voie à une adoration authentique.

La méditation sur les Écritures nous aide à reconnaître nos péchés et à nous préparer à adorer Dieu de manière plus profonde, en nous mettant en accord avec Sa volonté : « Je priai l'Éternel, mon Dieu, et je confessai en disant : 'Ah ! Seigneur, Dieu grand et redoutable, qui gardes l'alliance et la miséricorde envers ceux qui t'aiment et qui gardent tes commandements ! Nous avons péché, nous avons commis des iniquités, nous avons agi méchamment et nous avons été rebelles » (Daniel 9, 4 - 5). Offrir notre vie comme un acte de culte vivant est une manière d'intégrer l'adoration et la repentance dans notre quotidien. Vivre selon les principes de Dieu et chercher à Le glorifier à travers nos actions est un témoignage concret de notre repentance et de notre adoration.

L'adoration et la repentance sont des pratiques profondément liées qui enrichissent notre relation avec Dieu. La repentance purifie notre cœur et rétablit notre communion avec Dieu, permettant à notre adoration de devenir plus sincère et profonde. En intégrant ces deux aspects dans notre vie chrétienne, nous expérimentons une transformation spirituelle et une connexion plus forte avec Dieu. La repentance ouvre la voie à une adoration authentique, tandis que l'adoration nourrit et renforce notre engagement à vivre une vie de repentance et de fidélité.

L'ADORATION ET LA GRATITUDE

L'adoration et la gratitude sont profondément liées dans la vie chrétienne, chacune enrichissant et renforçant l'autre. L'adoration est l'expression de notre révérence et de notre vénération envers Dieu, tandis que la gratitude est la reconnaissance des bénédictions que Dieu nous accorde. « Entrez dans ses portes avec des actions de grâce, dans ses parvis avec des louanges ; célébrez-le, bénissez son nom » (Psaume 100, 4). La gratitude pour ce que Dieu a fait pour nous est souvent la motivation initiale pour l'adoration. En reconnaissant Ses bénédictions et Ses actions dans notre vie, nous sommes amenés à adorer Dieu avec un cœur plein de reconnaissance. 1 Thessaloniciens 5, 18 dit : « Rendez grâce en toutes choses ; car c'est la volonté de Dieu en Christ Jésus pour vous ». L'adoration implique une attitude de gratitude envers Dieu, non seulement pour Ses bénédictions évidentes, mais aussi pour Sa présence et Sa fidélité dans nos vies. Adorer Dieu avec un cœur reconnaissant est une forme d'expression de notre gratitude envers Lui.

Le psaume 136 à son verset 1 est un exemple classique d'adoration accompagnée de gratitude. Chaque verset commence par une déclaration de louange pour la bonté de Dieu et Sa miséricorde éternelle, illustrant comment la gratitude et l'adoration se rejoignent dans l'écriture biblique. Dans le livre de Luc au chapitre 17 versets 15 à 16, il est écrit : « Un des dix, voyant qu'il était guéri, revint sur ses pas, glorifiant Dieu à haute voix. Il tomba sur sa face aux pieds de Jésus, le remerciant. Et c'était un Samaritain ». Parmi les dix lépreux guéris par Jésus, seul un, un Samaritain, revient pour exprimer sa gratitude. Son acte de retour et de louange montre comment la gratitude pour la guérison le conduit à une adoration profonde. « Marie dans le livre de Jean 12, 3 exprime sa gratitude envers Jésus pour Sa présence et Son enseignement en Lui offrant un parfum précieux. Son acte d'adoration est une manifestation de sa profonde reconnaissance pour ce que Jésus a fait dans sa vie.

La gratitude renforce notre relation avec Dieu en nous aidant à nous rapprocher de Lui. Adorer avec un cœur reconnaissant nous rend plus sensibles à Sa présence et à Sa grâce. La pratique de la gratitude, en nous concentrant sur ce pour quoi nous sommes reconnaissants, peut atténuer la négativité et l'anxiété, apportant une paix intérieure et une perspective plus positive. La gratitude nous aide à reconnaître la grandeur et la bonté de Dieu, cultivant en nous l'humilité et la joie : « Pour que mon cœur te chante et ne se taise pas, Éternel, mon Dieu, je te louerai à toujours » (Psaume 30, 12). En nous concentrant sur les bénédictions de Dieu, nous sommes amenés à adorer avec une attitude d'humilité et de joie sincère.

Garder un journal de gratitude est un moyen pratique de se souvenir des bénédictions de Dieu. En notant quotidiennement les choses pour lesquelles vous êtes reconnaissant, vous nourrissez une attitude de gratitude qui enrichit votre adoration. Faites de la gratitude une partie intégrante de votre vie de prière, en remerciant Dieu pour Ses bénédictions et en Le louant pour Sa bonté. Utilisez diverses formes d'expression créatives pour adorer Dieu, telles que la musique, l'art, ou l'écriture, pour exprimer votre gratitude et renforcer votre adoration. Montrez votre gratitude par des actions concrètes en servant les autres et en vivant selon les principes de Dieu. Les actes de bonté et de service sont une forme d'adoration et de reconnaissance de la grâce de Dieu dans notre vie.

L'adoration et la gratitude sont des pratiques profondément interconnectées qui enrichissent notre vie spirituelle. La gratitude nourrit notre adoration en nous aidant à nous souvenir des bénédictions de Dieu, tandis que l'adoration exprime notre reconnaissance pour Ses dons. En cultivant une attitude de gratitude et en intégrant l'adoration dans notre vie quotidienne, nous approfondissons notre relation avec Dieu, trouvons la paix et la joie, et témoignons de Sa bonté aux autres. L'adoration, alimentée par la gratitude, devient une réponse naturelle et sincère à la générosité et à l'amour de Dieu.

LES OBSTACLES A L'ADORATION

L'adoration est un acte profond et sincère de reconnaissance et de vénération envers Dieu, mais divers obstacles peuvent entraver notre capacité à adorer pleinement. Ces obstacles peuvent être personnels, relationnels, ou spirituels.

Le péché non confessé crée une barrière entre nous et Dieu, affectant notre capacité à adorer sincèrement. Le sentiment de culpabilité et la séparation spirituelle qui en résultent peuvent empêcher une véritable adoration.

Osée 4, 6 dit : « Mon peuple est détruit, parce qu'il lui manque la connaissance ». La méconnaissance de Dieu et de Sa nature limite notre capacité à L'adorer correctement. Une compréhension insuffisante de qui est Dieu et de ce qu'Il a fait pour nous peut réduire notre adoration à une simple formalité.

Les distractions et les soucis quotidiens peuvent nous détourner de notre focus sur Dieu, rendant difficile la concentration et l'engagement dans l'adoration. « … Marthe était occupée à beaucoup de servir ; et elle s'approcha et dit : 'Seigneur, cela ne te fait rien que ma sœur me laisse servir seule ? Dis-lui donc de m'aider.' Le Seigneur lui répondit : 'Marthe, Marthe, tu te préoccupes et t'agites pour beaucoup de choses.' » (Luc 10, 40 - 41). Le manque de temps ou la gestion inefficace du temps peuvent nous empêcher de consacrer des moments significatifs à l'adoration. L'adoration requiert un engagement délibéré et un temps spécifique pour se concentrer sur Dieu.

Les conflits ou les rancunes non résolus avec les autres peuvent créer une dissonance dans notre relation avec Dieu, entravant notre capacité à adorer de tout notre cœur : « Si donc tu présentes ton offrande sur l'autel, et que là tu te souviennes que ton frère a quelque chose contre toi, laisse là ton offrande devant l'autel, et va d'abord te réconcilier avec ton frère ; puis viens présenter ton offrande » (Matthieu 5, 23 – 24). Les divisions et les conflits au sein de la communauté chrétienne peuvent perturber l'esprit d'adoration, créant une atmosphère de jugement et de méfiance qui diminue la capacité à adorer collectivement. Le manque de soutien et de communauté spirituelle peut affecter notre capacité à adorer pleinement. La communauté chrétienne joue un rôle clé en encourageant et en soutenant l'adoration. Hébreux 10, 24 - 25 dit : « … veillons les uns sur les autres, pour nous exciter à l'amour et aux bonnes œuvres, ne désertant pas notre assemblée, comme c'est la coutume de quelques-uns, mais nous exhortant mutuellement, et cela d'autant plus que vous voyez s'approcher le jour ».

Sans repentance, notre relation avec Dieu est entravée, ce qui peut empêcher une adoration authentique. Le péché non confessé crée une séparation qui affecte notre capacité à adorer Dieu en esprit et en vérité. « Dieu est esprit, et il faut que ceux qui l'adorent l'adorent en esprit et en vérité » (Jean 4, 24). Les idées erronées sur la nature de Dieu peuvent fausser notre adoration. Si nous avons une compréhension incorrecte de qui est Dieu, notre adoration peut être mal dirigée ou insincère.

La fatigue spirituelle et le burn-out peuvent nous épuiser et nous empêcher de participer activement à l'adoration : « Ne nous lassons pas de faire le bien ; car nous moissonnerons en temps voulu, si nous ne nous relâchons pas » (Galates 6, 9). Il est crucial de reconnaître les signes de fatigue spirituelle et de prendre des mesures pour restaurer notre vitalité spirituelle.

Dans 1 Jean 1, 9 il est écrit : « Si nous confessons nos péchés, il est fidèle et juste pour nous les pardonner, et pour nous purifier de toute iniquité ». La confession sincère des péchés et la demande de pardon permettent de restaurer notre relation avec Dieu, éliminant les obstacles spirituels à l'adoration. Approfondir notre compréhension de Dieu à travers la lecture des Écritures, la méditation et l'étude peut enrichir notre adoration et nous aider à mieux Le connaître. Une routine régulière de prière et de dévotion aide à surmonter les distractions et à maintenir une adoration constante : « Quand Daniel sut que l'édit était signé, il alla dans sa maison ; et dans sa chambre haute, il avait les fenêtres ouvertes du côté de Jérusalem ; et trois fois par jour il se mettait à genoux, priait et louait son Dieu, comme il l'avait fait auparavant » (Daniel 6, 10). Résoudre les conflits relationnels et chercher la réconciliation avec les autres est essentiel pour restaurer une adoration sincère. La paix intérieure et la communauté unie favorisent une adoration plus pure et plus profonde. Participer activement à une communauté chrétienne encourage l’adoration collective et fournit le soutien spirituel nécessaire pour surmonter les obstacles à l’adoration personnelle.

Les obstacles à l'adoration, qu'ils soient personnels, relationnels ou spirituels, peuvent entraver notre capacité à adorer Dieu pleinement. En identifiant ces obstacles et en prenant des mesures pour les surmonter, nous pouvons restaurer une adoration authentique et joyeuse. Confesser nos péchés, approfondir notre connaissance de Dieu, résoudre les conflits relationnels, et rechercher un soutien spirituel sont des étapes essentielles pour éliminer ces obstacles et vivre une vie d'adoration enrichissante et transformante.

L'ADORATION ET LA TRANSFORMATION PERSONNELLE

L'adoration est bien plus qu'une simple expression de louange envers Dieu ; elle est un catalyseur puissant de transformation personnelle. Lorsque nous adorons sincèrement, nous ouvrons la porte à une transformation intérieure profonde, qui affecte notre caractère, nos relations et notre manière de vivre. Romains 12, 2 dit : « Ne vous conformez pas au siècle présent, mais soyez transformés par le renouvellement de l'intelligence, afin que vous discerniez quelle est la volonté de Dieu, ce qui est bon, agréable et parfait ». L'adoration nous aide à renouveler notre esprit en nous concentrant sur Dieu et Sa volonté. Ce renouvellement transforme notre manière de penser, de ressentir, et de réagir face aux situations de la vie. En adorant Dieu, nous contemplons Sa gloire et nous sommes transformés à Son image : « Nous tous, qui le visage découvert, réfléchissons comme dans un miroir la gloire du Seigneur, nous sommes transformés en la même image, de gloire en gloire, comme par l'Esprit du Seigneur » (2 Corinthiens 3, 18). Cette transformation nous rend plus semblables à Christ, modifiant notre caractère et notre comportement. L'adoration nourrit le fruit de l'Esprit en nous, favorisant l'émergence des vertus chrétiennes dans notre vie. « … le fruit de l'Esprit est amour, joie, paix, patience, bonté, bienveillance, fidélité, douceur, maîtrise de soi » (Galates 5, 22 – 23). La pratique régulière de l'adoration affine ces qualités et nous aide à vivre conformément à la volonté de Dieu.

Contempler la grandeur de Dieu à travers l'adoration nous rappelle notre place dans l'univers et nous inspire à vivre selon Ses standards. Cette contemplation nous transforme en nous faisant reconnaître Sa majesté et en ajustant notre perspective sur la vie. L'adoration est une réponse à l'amour inconditionnel de Dieu : « Nous l'aimons, parce qu'il nous a aimés le premier » (1 Jean 4, 19). En reconnaissant cet amour et en y répondant par l'adoration, nous nous laissons transformer par cet amour qui change notre cœur et notre manière d'agir envers les autres. L'adoration, souvent accompagnée de l'étude des Écritures, éveille notre conscience spirituelle. La Parole de Dieu, mise en lumière par l'adoration, révèle nos véritables motivations et nous guide vers une transformation intérieure. Une transformation personnelle conduit à des relations plus saines et plus aimantes. Lorsque notre caractère est affiné par l'adoration, nous devenons plus patients, plus compréhensifs, et plus prêts à aimer les autres comme Christ nous a aimés. La transformation personnelle nourrit un désir de servir et de témoigner « Que votre lumière brille ainsi devant les hommes, afin qu'ils voient vos bonnes œuvres, et qu'ils glorifient votre Père qui est dans les cieux » (Matthieu 5, 16). Une adoration authentique nous pousse à nous engager dans des œuvres bonnes et à partager la lumière de Christ avec le monde. A ce propos, Colossiens 3, 2 déclare : « Affectionnez-vous aux choses d'en haut, et non à celles qui sont sur la terre ». L'adoration nous aide à adopter une perspective éternelle, centrée sur les valeurs du Royaume de Dieu. Cette perspective nous guide dans nos décisions et nous aide à voir les défis de la vie sous un angle spirituel et positif.

Adopter une routine régulière d'adoration personnelle et communautaire pour maintenir une connexion constante avec Dieu : Une adoration sincère et régulière nourrit la transformation spirituelle et personnelle. Consacrez du temps à la méditation des Écritures et à la prière, en cherchant à comprendre et à appliquer les vérités bibliques dans notre vie : « Que ce livre de la loi ne s'éloigne pas de ta bouche ; mais médite-le jour et nuit, pour agir fidèlement selon tout ce qui est écrit ; car c'est alors que tu réussirais dans tes entreprises, c'est alors que tu réussiras » (Josué 1, 8). Cette pratique approfondit la transformation personnelle en intégrant les enseignements de Dieu dans votre quotidien. Le jeûne et la réflexion permettent de concentrer notre attention sur Dieu et d'éliminer les distractions, facilitant ainsi une transformation spirituelle profonde. Utiliser le jeûne pour renforcer notre engagement envers Dieu et pour rechercher Sa volonté plus clairement. Entourons-nous de mentors spirituels et de frères et sœurs en Christ qui nous encouragent et nous défient dans notre marche avec Dieu. La communion avec des personnes spirituellement matures peut favoriser une transformation personnelle en offrant des perspectives, du soutien et de l'encouragement.

L'adoration est un moteur puissant de transformation personnelle, nous guidant vers une vie plus conforme à l'image de Christ. En adorant Dieu avec sincérité, nous renouvelons notre esprit, alignons notre vie avec Sa nature divine, et cultivons les vertus chrétiennes. La transformation personnelle ainsi engendrée améliore nos relations, renforce notre engagement dans le service, et développe une perspective chrétienne authentique. En intégrant des pratiques spirituelles telles que la méditation, la prière, le jeûne, et la communion avec des mentors, nous facilitons cette transformation continue, expérimentant ainsi une vie chrétienne plus riche et plus transformée.

LE ROLE DU SAINT-ESPRIT DANS L'ADORATION

Le Saint-Esprit joue un rôle crucial dans l'adoration chrétienne, non seulement en guidant et en inspirant nos expressions de louange, mais aussi en transformant notre cœur et en nous permettant d'adorer Dieu en esprit et en vérité. « Dieu est esprit, et il faut que ceux qui l'adorent l'adorent en esprit et en vérité » (Jean 4, 24). Le Saint-Esprit nous guide pour adorer Dieu de manière authentique, en nous inspirant à répondre à Sa grandeur et à Sa sainteté avec sincérité et profondeur. Il nous aide à comprendre ce que signifie adorer en esprit et en vérité, en nous connectant à la dimension spirituelle de l'adoration. « De même aussi l'Esprit nous aide dans notre faiblesse ; car nous ne savons pas ce qu'il convient de demander dans nos prières. Mais l'Esprit lui-même intercède par des soupirs inexprimables » (Romains 8, 26). Le Saint-Esprit dirige nos prières et nos louanges lorsque nous manquons de mots ou de compréhension. Il intercède pour nous et nous aide à exprimer nos besoins et notre adoration de manière qui soit alignée avec la volonté de Dieu. Le Saint-Esprit enseigne et rappelle les vérités spirituelles que Jésus a révélées, facilitant ainsi une adoration éclairée et fondée sur la connaissance des Écritures. Dans Jean 14, 26 il est écrit : « … le Consolateur, l'Esprit Saint, que le Père enverra en mon nom, vous enseignera toutes choses et vous rappellera tout ce que je vous ai dit ».

Le Saint-Esprit transforme notre cœur en le rendant réceptif à la présence de Dieu. Il remplace le cœur de pierre par un cœur de chair, capable de véritable adoration et de relation intime avec Dieu. Ézéchiel 36, 26 nous dit : « Je vous donnerai un cœur nouveau, et je mettrai en vous un esprit nouveau ; j'ôterai de votre chair le cœur de pierre, et je vous donnerai un cœur de chair ». Être rempli du Saint-Esprit engendre une attitude de louange et de gratitude, nous incitant à adorer Dieu avec joie et reconnaissance. Le Saint-Esprit inspire également la créativité dans l'adoration, qu'il s'agisse de musique, d'art, ou de toute autre forme d'expression. Il nous donne les talents et les capacités pour adorer Dieu de manière unique et personnelle. Dans Exode 31, 3 Dieu dit à Moïse : « Je l'ai rempli de l'Esprit de Dieu, de sagesse, d'intelligence et de connaissance en toute œuvre ».

Le Saint-Esprit crée l'unité dans la communauté chrétienne, permettant à l'adoration collective d'être harmonieuse et cohérente. Cette unité favorise une adoration plus profonde et plus authentique. L'adoration communautaire, guidée par le Saint-Esprit, édifie les membres de la communauté en permettant à chacun d'apporter une contribution spirituelle. Cela renforce la foi et encourage la croissance spirituelle collective. Le Saint-Esprit encourage et exhorte la communauté chrétienne à proclamer la Parole de Dieu avec assurance : « Lorsque ils eurent prié, le lieu où ils étaient assemblés trembla ; ils furent tous remplis du Saint-Esprit, et ils annonçaient avec assurance la parole de Dieu » (Actes 4, 31). Cette dynamisation par l'Esprit favorise une adoration collective vibrante et énergique.

Dans Galates 5, 16 il est écrit : « Marchez selon l'Esprit, et vous n'accomplirez pas les désirs de la chair ». Rechercher activement à être rempli du Saint-Esprit en pratiquant des disciplines spirituelles telles que la prière, la méditation des Écritures et la vie en communauté permet à l'Esprit de guider et d'inspirer notre adoration. Apprendre à écouter la voix douce du Saint-Esprit dans la tranquillité et le silence peut nous aider à discerner Sa direction pour notre adoration et notre vie spirituelle. En priant et en louant Dieu dans le Saint-Esprit, nous renforçons notre relation avec Lui et maintenons une attitude de gratitude et de louange continue. Encouragons les dons spirituels dans l'adoration, tels que la prophétie, les langues, et l'interprétation, pour enrichir et dynamiser l'expérience d'adoration communautaire : « Recherchez l'amour ; aspirez aussi aux dons spirituels, mais surtout à celui de prophétie » (1 Corinthiens 14, 1). Le Saint-Esprit distribue ces dons pour l'édification de l'Église et la gloire de Dieu.

Le Saint-Esprit est essentiel dans l'adoration chrétienne, agissant comme source d'inspiration, guide spirituel, et agent de transformation. Il nous aide à adorer Dieu en esprit et en vérité, dirige nos prières et louanges, et transforme notre cœur pour une adoration authentique. Le rôle du Saint-Esprit s'étend également à la communauté chrétienne, créant unité, édifiant les croyants, et encourageant la proclamation de la Parole de Dieu. En cultivant une vie remplie du Saint-Esprit, en écoutant Sa voix, et en exprimant la louange avec Son aide, nous permettons à l'Esprit de jouer pleinement Son rôle dans notre adoration et notre vie chrétienne.

L'ADORATION ET LE SERVICE

L'adoration et le service sont deux aspects essentiels de la vie chrétienne qui, bien qu'ils puissent sembler distincts, sont profondément interconnectés. L'adoration authentique engendre un service dévoué, et le service véritable est une expression concrète de l'adoration. 1 Jean 4, 19 dit : « Nous l'aimons, parce qu'il nous a aimés le premier ». L'adoration est une réponse à l'amour inconditionnel de Dieu. Lorsque nous réalisons la profondeur de cet amour à travers l'adoration, nous sommes motivés à servir les autres en réponse à ce même amour. Le service devient alors une expression de notre gratitude et de notre adoration envers Dieu. Jésus a montré l'exemple du service humble et désintéressé : « Si donc je vous ai lavé les pieds, moi le Seigneur et le Maître, vous devez aussi vous laver les pieds les uns aux autres. Car je vous ai donné un exemple, afin que vous fassiez comme je vous ai fait » (Jean 13, 14 - 15). En adorant Christ, nous aspirons à imiter Son service envers les autres, faisant du service un acte d'adoration. En adorant Dieu, nous cherchons à aligner notre vie avec Sa volonté. Le service devient alors un moyen par lequel nous réalisons cette volonté, montrant la lumière de Christ au monde et glorifiant Dieu.

Le service, lorsqu'il est motivé par la foi, devient une expression tangible de notre adoration. Nos actions servent de témoignage vivant de notre foi en Dieu et de notre désir de L'honorer par nos œuvres : « … la foi, si elle n'a pas les œuvres, est morte en elle-même » (Jacques 2, 17). Chaque acte de service, qu'il soit grand ou petit, peut-être une forme d'adoration lorsqu'il est accompli avec le cœur dirigé vers Dieu. « Tout ce que vous faites, faites-le de bon cœur, comme pour le Seigneur et non pour des hommes » (Colossiens 3, 23). Le service quotidien devient un moyen de glorifier Dieu et d'exprimer notre adoration à travers nos actions. Il doit être motivé par l'amour et l'adoration plutôt que par le désir de reconnaissance ou de mérite personnel. Une adoration sincère produit un amour authentique qui se manifeste dans notre service.

« Comme ils adoraient le Seigneur et jeûnaient, le Saint-Esprit dit : 'Mettez-moi à part Barnabas et Saul pour l'œuvre à laquelle je les ai appelés.' » (Actes 13, 2). L'adoration crée un espace pour que le Saint-Esprit guide et inspire notre service. En étant dans une posture d'adoration, nous sommes plus réceptifs à l'appel de Dieu pour le service et le ministère. Paul dans Philippiens 2, considère son service comme une continuation de l'adoration. De même, notre service envers les autres peut être perçu comme une offrande à Dieu, un prolongement naturel de notre adoration. L'adoration transforme notre attitude, nous rendant plus disposés à servir les autres avec amour et humilité. Une adoration authentique change notre cœur et notre motivation, influençant positivement notre manière de servir.

La prière pour des opportunités de service nous aide à aligner nos actions avec la volonté de Dieu : « Priez donc le Seigneur de la moisson d'envoyer des ouvriers dans sa moisson » (Matthieu 9, 38). Demander au Saint-Esprit de nous guider vers des occasions de servir est une manière de fusionner adoration et action pratique. Accomplir des actes de service avec une conscience que nous servons Dieu à travers ces actions transforme ces actes en adoration. Laissons notre service être imprégné de gratitude et d'amour pour Dieu. Garder une perspective éternelle en servant nous aide à voir nos efforts comme ayant une valeur éternelle et significative dans le Royaume de Dieu : « Nous regardons non point aux choses visibles, mais à celles qui sont invisibles ; car les choses visibles sont passagères, et les invisibles sont éternelles » (2 Corinthiens 4, 18). Participer à des discussions et à des formations sur la manière d'intégrer adoration et service peut renforcer notre compréhension et notre pratique de ces deux aspects complémentaires de la vie chrétienne « Pour le perfectionnement des saints, en vue de l'œuvre du ministère, pour l'édification du corps de Christ » (Éphésiens 4, 12).

L'adoration et le service sont intimement liés dans la vie chrétienne. L'adoration authentique motive et inspire le service, tandis que le service devient une forme d'adoration lorsqu'il est accompli avec une attitude d'amour et de dévotion envers Dieu. En intégrant ces deux dimensions, nous vivons une foi plus pleine et plus cohérente, où chaque acte de service est une expression de notre adoration. En cherchant des opportunités de service dans la prière, en servant avec une attitude d'adoration, en cultivant une perspective éternelle, et en engageant des discussions sur cette intégration, nous vivons une vie chrétienne enrichie et alignée avec la volonté de Dieu.

LES BIENFAITS SPIRITUELS DE L'ADORATION

L'adoration n'est pas seulement un acte de louange, mais aussi une pratique qui enrichit profondément notre vie spirituelle. En se connectant avec Dieu à travers l'adoration, les croyants expérimentent une série de bienfaits spirituels qui transforment leur relation avec Dieu et leur compréhension de leur propre vie. « L'Éternel est près de tous ceux qui l'invoquent, de tous ceux qui l'invoquent avec sincérité » (Psaume 145, 18). L'adoration crée un espace pour une connexion intime avec Dieu. En consacrant du temps à adorer, nous nous rapprochons de Lui, renforçant notre relation personnelle et notre compréhension de Sa nature. Elle nous aide à mieux comprendre qui est Dieu, Sa grandeur, et Ses œuvres dans notre vie. Cette connaissance accrue enrichit notre expérience spirituelle et approfondit notre relation avec Lui. En adorant Dieu, nous renouvelons notre confiance en Sa souveraineté et en Sa fidélité. L'adoration nous rappelle Ses promesses et Sa puissance, renforçant notre assurance en Ses capacités à prendre soin de nous.

« Ne vous conformez pas au siècle présent, mais soyez transformés par le renouvellement de l'intelligence, afin que vous discerniez quelle est la volonté de Dieu, ce qui est bon, agréable et parfait » (Romains 12, 2). L'adoration joue un rôle clé dans le renouvellement de notre esprit, nous aidant à aligner nos pensées et nos désirs avec la volonté de Dieu. En nous focalisant sur Dieu pendant l'adoration, nous favorisons le développement des vertus du fruit de l'Esprit dans notre vie (Galates 5,

22 - 23). L'adoration transforme notre caractère en nous rendant plus conforme à l'image de Christ.

Matthieu 11, 28 dit : « Venez à moi, vous tous qui êtes fatigués et chargés, et je vous donnerai du repos ». En déposant nos fardeaux devant Dieu, nous expérimentons une paix qui dépasse la compréhension humaine et trouvons un soulagement pour nos charges. L'adoration offre une forme de repos spirituel et émotionnel. Elle nous place dans une posture de dépendance et de recherche de la sagesse divine. En nous connectant à Dieu, nous recevons une direction et un discernement qui influencent nos décisions quotidiennes. Elle inspire un engagement renouvelé dans la mission et le service : « … vous recevrez une puissance, le Saint-Esprit survenant sur vous, et vous serez mes témoins à Jérusalem, dans toute la Judée et la Samarie, et jusqu'aux extrémités de la terre » (Actes 1, 8). En adorant, nous sommes remplis du Saint-Esprit et motivés à partager l'amour de Dieu avec les autres. Elle transforme notre attitude envers les autres, cultivant l'amour et la compassion. Les principes d'amour et de pardon appris dans l'adoration se manifestent dans nos interactions avec les autres.

Consacrer du temps quotidiennement à l'adoration personnelle permet de maintenir une connexion constante avec Dieu, favorisant les bienfaits spirituels continus dans notre vie. Dans le Psaume 95, 6 il est écrit : « Venez, prosternons-nous et inclinons-nous, fléchissons le genou devant l'Éternel, notre Créateur ». L'adoration en communauté renforce la foi et la croissance spirituelle collective, en offrant des opportunités pour l'encouragement mutuel et le soutien. Incorporer la méditation des Écritures dans l'adoration permet de nourrir notre esprit avec la Parole de Dieu, approfondissant notre compréhension et notre relation avec Lui. En cherchant la présence de Dieu dans toutes les activités quotidiennes, nous intégrons l'adoration dans notre vie de manière holistique, maximisant les bienfaits spirituels dans chaque aspect de notre existence.

L'adoration apporte une richesse de bienfaits spirituels, renforçant notre relation avec Dieu, favorisant la transformation intérieure, et influençant positivement notre vie quotidienne. En nous engageant dans une adoration authentique, nous expérimentons une intimité accrue avec Dieu, une croissance spirituelle, et une motivation renouvelée pour le service et la mission. En adoptant des pratiques régulières d'adoration personnelle et communautaire, en méditant les Écritures, et en cherchant la présence de Dieu dans toutes les activités, nous maximisons ces bienfaits spirituels et vivons une foi plus profonde et plus intégrée.

LES TEMOIGNAGES DE L'ADORATION

Les témoignages de l'adoration illustrent comment la pratique de l'adoration a transformé la vie des croyants à travers l'histoire et continue de le faire aujourd'hui. Ces récits montrent l'impact profond de l'adoration sur les individus et les communautés, soulignant comment elle peut apporter réconfort, direction, guérison, et transformation personnelle. Les psaumes écrits par David sont des témoignages puissants de l'adoration en temps de joie et de détresse. David exprime à la fois son adoration et sa confiance en Dieu, même face à des épreuves sévères : « L'Éternel est mon berger : je ne manquerai de rien » (Psaume 23). Ces écrits montrent comment l'adoration a fourni à David réconfort et assurance. Paul et Silas, emprisonnés pour leur foi, ont choisi d'adorer Dieu au lieu de se laisser abattre par leurs circonstances (Actes 16, 25). Leur adoration a non seulement renforcé leur propre foi, mais a aussi eu un impact sur ceux qui les entouraient, menant à un miracle de libération et à la conversion du geôlier.

John Wesley et les méthodistes ont expérimenté un réveil spirituel puissant au XVIIIe siècle, en partie grâce à leur engagement dans l'adoration fervente. Les chants de louange et la prière ont joué un rôle clé dans la transformation des vies et des communautés pendant cette période de réveil spirituel. Lauren Daigle a partagé comment son adoration en période de dépression et de lutte personnelle a été une source de guérison et de renouveau spirituel. Sa musique, centrée sur la louange et la confiance en Dieu, a touché de nombreuses personnes qui ont trouvé espoir et encouragement dans ses paroles. Un missionnaire a raconté comment la prière et l'adoration ont guidé ses décisions dans des contextes difficiles. En cherchant Dieu à travers l'adoration, il a reçu une direction claire pour son ministère, ce qui a conduit à des changements significatifs dans sa vie et son travail missionnaire. Dans une église locale, l'engagement des jeunes dans des moments d'adoration a non seulement revitalisé leur foi personnelle, mais a également transformé l'ensemble de la communauté. Les jeunes ont exprimé comment l'adoration collective a renforcé leur sens de la communauté et les a poussés à s'engager davantage dans le service.

Une personne a partagé comment la louange quotidienne a été un outil puissant dans la guérison de blessures émotionnelles profondes. En s'engageant dans l'adoration régulière, elle a trouvé un moyen de traiter et de surmonter des expériences de douleur et de perte. Un individu a témoigné que l'adoration familiale a joué un rôle crucial dans la réconciliation avec un membre de la famille avec lequel il était en conflit. La prière et la louange ensemble ont ouvert la voie à la guérison des relations brisées et ont restauré l'harmonie familiale. Dans une église qui a vécu un renouveau spirituel, l'adoration a été un catalyseur pour la transformation de la communauté. L'engagement dans des moments d'adoration passionnée a conduit à une augmentation significative de la fréquentation, à une croissance dans la foi et à un impact accru sur la communauté locale.

« Venez et écoutez, vous tous qui craignez Dieu, et je vous raconterai ce qu'il a fait pour mon âme » (Psaume 66, 16). Partager des témoignages d'adoration dans les réunions de groupe ou les assemblées peut encourager et inspirer les autres, créant une culture de louange et de reconnaissance des œuvres de Dieu. Documenter les témoignages d'adoration, que ce soit par écrit, en vidéo, ou à travers des témoignages en direct, permet de célébrer les œuvres de Dieu et de témoigner de Sa fidélité dans la vie des croyants. Encourager les membres de la communauté à partager leurs témoignages personnels de la manière dont l'adoration a influencé leur vie peut renforcer la foi collective et créer des opportunités pour l'édification mutuelle. Les témoignages d'adoration peuvent être utilisés dans les ministères pour encourager ceux qui traversent des périodes difficiles, offrant une preuve tangible de la manière dont Dieu agit et console dans les moments de besoin : « Qui nous console dans toutes nos afflictions, afin que nous puissions consoler ceux qui se trouvent dans quelque affliction que ce soit, par les consolations avec laquelle nous-mêmes nous sommes consolés par Dieu » (2 Corinthiens 1, 4).

Les témoignages d'adoration révèlent la manière dont cette pratique spirituelle enrichit et transforme la vie des croyants. En partageant des récits historiques et contemporains de l'impact de l'adoration, nous voyons comment elle peut renforcer la relation avec Dieu, apporter guérison et restauration, et influencer positivement la vie quotidicnnc. En encourageant les témoignages personnels et en célébrant les œuvres de Dieu, nous créons une communauté vivante de foi, où l'adoration devient une force puissante de transformation et d'encouragement.

L'ADORATION ET LA LOUANGE

L'adoration et la louange sont souvent mentionnées ensemble dans les Écritures et dans la pratique chrétienne, mais chacune a ses caractéristiques distinctes. « Que tout ce qui respire loue l'Éternel ! Louez l'Éternel ! » (Psaume 150, 6). La louange est une expression verbale et joyeuse de gratitude et d'admiration envers Dieu. Elle peut inclure des chants, des proclamations, et des déclarations publiques de la grandeur de Dieu. La louange est souvent dynamique et remplie d'expression, mettant en avant les attributs et les œuvres de Dieu. Elle a pour but d'exalter et de célébrer Dieu pour qui Il est et ce qu'Il a fait. Elle est une réponse à Sa grandeur et à Ses bénédictions, et elle sert à encourager et à renforcer la foi des croyants. La louange se manifeste à travers des chants, des hymnes, des instruments de musique, et des expressions verbales : « Venez, chantons avec joie à l'Éternel, poussons des cris de triomphe vers le rocher de notre salut ! Allons à lui avec des louanges, célébrons-le avec des psaumes ! » (Psaume 95, 1 - 2). Elle est souvent dynamique et communautaire, créant une atmosphère de célébration et de joie collective.

L'adoration est un acte profond de révérence, de dévotion, et de soumission à Dieu. Elle va au-delà des simples expressions de louange pour inclure un engagement du cœur et de l'âme, cherchant une connexion plus intime avec Dieu. Dans Romains 12, 1 il est écrit : « Je vous cxhortc donc, frèrcs, par les compassions de Dieu, à offrir vos corps comme un sacrifice vivant, saint, agréable à Dieu, ce qui est votre culte raisonnable ». L'adoration vise à offrir notre vie entière en sacrifice à Dieu, reconnaissant Sa souveraineté et cherchant à vivre selon Sa volonté. C'est un acte de soumission et de dévotion totale. Elle peut se manifester par des attitudes de cœur, des prières silencieuses, des moments de méditation, et une vie vécue en obéissance à Dieu. Elle inclut souvent des moments de profond respect et de contemplation.

La louange et l'adoration se complètent mutuellement. La louange exprime la joie et la reconnaissance, tandis que l'adoration approfondit notre engagement et notre dévotion. Ensemble, elles créent une réponse équilibrée et complète à Dieu. En louant Dieu, nous nous disposons à une rencontre plus profonde et plus personnelle avec Lui. L'adoration peut émerger à partir de moments de louange, où le cœur est ouvert et réceptif à une connexion plus profonde avec Dieu. La louange prépare le terrain pour une adoration plus profonde et plus significative.

« Je bénirai l'Éternel en tout temps ; sa louange sera toujours dans ma bouche » (Psaume 34, 1). Intégrer des moments réguliers de louange et d'adoration dans la vie quotidienne renforce notre relation avec Dieu et nous aide à vivre une foi plus vibrante et authentique. Utiliser une variété de formes d'expression, y compris les chants, les hymnes, et les prières, peut enrichir notre expérience d'adoration et de louange : « Que la parole de Christ habite parmi vous avec toute sa richesse ; enseignez-vous et exhortez-vous les uns les autres en toute sagesse, par des psaumes, des hymnes et des cantiques spirituels, chantant à Dieu dans vos cœurs sous l'inspiration de la grâce » (Colossiens 3, 16). Participer à des moments d'adoration et de louange en communauté renforce la foi collective et crée une atmosphère de célébration et de soutien mutuel. Cultiver une attitude de gratitude et de reconnaissance en toutes circonstances nous aide à maintenir une pratique constante de louange et d'adoration dans notre vie quotidienne.

L'adoration et la louange, bien que distinctes dans leurs expressions et objectifs, sont profondément interconnectées dans la vie chrétienne. La louange célèbre la grandeur de Dieu avec joie et reconnaissance, tandis que l'adoration engage une dévotion plus profonde et personnelle. Ensemble, elles forment une réponse complète à Dieu, enrichissant notre vie spirituelle et notre relation avec Lui. En intégrant ces pratiques dans notre vie quotidienne, en utilisant des ressources variées, en participant à des rassemblements communautaires, et en cultivant une attitude de cœur de gratitude, nous expérimentons une connexion plus profonde et plus significative avec Dieu.

L'ADORATION ET LA MISSION CHRETIENNE

L'adoration et la mission chrétienne sont deux aspects essentiels de la vie chrétienne qui se renforcent mutuellement. L'adoration, en tant que réponse à la grandeur de Dieu, nourrit la passion et la motivation nécessaires pour la mission, tandis que la mission, en tant qu'appel à partager l'amour et le message de Dieu avec le monde, trouve son inspiration dans la pureté et la profondeur de l'adoration. L'adoration, en nous remplissant de la présence de Dieu, nous donne la force et la motivation nécessaires pour accomplir la mission. Elle nous rappelle la grandeur et l'urgence de la tâche qui nous est confiée : Matthieu 28, 19 - 20 (« Allez, faites de toutes les nations des disciples, les baptisant au nom du Père, du Fils et du Saint-Esprit, leur enseignant à observer tout ce que je vous ai prescrit »). L'adoration engendre une passion profonde pour le Royaume de Dieu, alimentant notre désir de partager cette bonne nouvelle avec les autres. Elle nous donne l'énergie spirituelle nécessaire pour persévérer dans la mission, même face à des défis. Elle nous aide à voir clairement notre appel à la mission. En adoration, nous recevons une vision renouvelée de l'importance de faire connaître Dieu et de témoigner de Sa gloire dans le monde : « Annoncez parmi les nations sa gloire, parmi tous les peuples ses merveilles ! » (Psaume 96, 3).

Une mission chrétienne authentique repose sur une adoration sincère. Notre message aux autres est plus convaincant lorsque nous vivons d'abord dans une adoration profonde et véritable, car cela reflète notre engagement véritable envers Dieu. Une vie consacrée à l'adoration est une démonstration vivante de la transformation que Dieu opère en nous "Afin que vous soyez irréprochables et purs, des enfants de Dieu sans reproche au milieu d'une génération perverse et corrompue, parmi laquelle vous brillez comme des luminaires dans le monde » (Philippiens 2, 15). Ce témoignage authentique est une partie puissante de la mission chrétienne, montrant aux autres les effets réels de la foi en Christ. Une communauté engagée dans l'adoration collective est renforcée dans sa mission. L'unité et la force d'une telle communauté témoignent de l'amour de Dieu au monde. Hébreux 10, 24 - 25 dit : « Veillons les uns sur les autres, pour nous inciter à l'amour et aux bonnes œuvres, ne nous abandonnant pas notre assemblée, comme c'est la coutume de quelques-uns, mais nous exhortant mutuellement, et cela d'autant plus que vous voyez le jour s'approcher ». Les expériences de mission, où nous voyons l'œuvre de Dieu dans la vie des autres, peuvent nourrir et approfondir notre propre adoration. Les histoires de conversion, de transformation, et de guérison amplifient notre admiration et notre gratitude envers Dieu.

Voir Dieu agir puissamment à travers la mission nous pousse à une adoration plus profonde. Les résultats de notre travail missionnaire nous rappellent la fidélité de Dieu et suscitent des louanges renouvelées : « Je vous le dis, il y aura de la joie dans le ciel pour un seul pécheur qui se repent, plus que pour quatre-vingt-dix-neuf justes qui n'ont pas besoin de repentance » (Luc 15, 7). Les témoignages de la mission, comme les conversions et les transformations de vie, deviennent des raisons de louer Dieu. Chaque histoire de repentance et de foi renouvelée est une source de joie et de louange pour la communauté chrétienne. Intégrer des moments d'adoration dans les activités missionnaires, telles que les réunions de planification et les événements de service, renforce l'orientation spirituelle et la dépendance envers Dieu.

Dans 2 Chroniques 20, 22 il est écrit : « Au moment où ils commencèrent à chanter et à louer, l'Éternel plaça une embuscade contre les fils d'Ammon, de Moab et de la montagne de Séir, qui venaient contre Juda, et ils furent battus ». Utiliser la louange comme un outil pour encourager les équipes missionnaires peut apporter de la force et du courage, et créer une atmosphère de confiance en Dieu pour le succès de la mission. Célébrer les réalisations de la mission au sein de la communauté d'adoration crée des moments de reconnaissance et d'élévation de Dieu, tout en renforçant l'engagement de la communauté envers la mission : « On offrit ce jour-là de grands sacrifices et l'on se réjouit, car Dieu les avait réjouis d'une grande joie ; les femmes et les enfants se joignaient à la joie de Jérusalem, et la joie de Jérusalem fut entendue de loin » (Néhémie 12, 43).

Former des disciples en les engageant dans des pratiques d'adoration régulières tout en les impliquant activement dans la mission renforce leur croissance spirituelle et leur efficacité dans la mission. L'adoration et la mission chrétienne sont profondément interconnectées, chacune enrichissant et soutenant l'autre. L'adoration nourrit la passion et la motivation nécessaires pour la mission, tandis que la mission renforce et approfondit notre expérience d'adoration. En intégrant l'adoration dans les activités missionnaires, en encourageant les équipes missionnaires avec la louange, en célébrant les succès missionnaires, et en formant des disciples à travers ces pratiques, nous vivons une foi plus complète et dynamique. Cette interaction entre adoration et mission nous pousse à vivre une vie chrétienne intégrée, où la louange et l'action se rejoignent pour glorifier Dieu et accomplir Sa volonté sur la terre.

LES TRADITIONS D'ADORATION DANS LE MONDE CHRETIEN

L'adoration chrétienne, tout en étant universelle dans son objectif de rendre gloire à Dieu, prend des formes variées à travers le monde en raison des diverses traditions, cultures et dénominations.

La messe est le centre de l'adoration dans l'Église catholique. Elle comprend la Liturgie de la Parole, où les Écritures sont lues et interprétées, et la Liturgie de l'Eucharistie, où le pain et le vin sont consacrés et reçus en mémoire de la Passion du Christ. La messe est souvent accompagnée de chants liturgiques et de prières. Les sacrements, tels que la confession et la communion, sont des moments importants d'adoration et de communion avec Dieu. Les célébrations comme Noël, Pâques et la fête de la Vierge Marie jouent un rôle central dans l'adoration catholique, avec des traditions spécifiques associées à chaque fête.

Dans l'Église orthodoxe, la Divine Liturgie est l'acte central d'adoration, caractérisé par des chants liturgiques, des prières, et la consécration de l'Eucharistie. Les rites sont souvent très élaborés et utilisent des icônes et des encens pour enrichir l'expérience spirituelle. L'adoration dans l'Église orthodoxe est souvent accompagnée de chants byzantins, qui sont des hymnes traditionnels sans accompagnement instrumental. En plus de la Divine Liturgie, les Orthodoxes participent à des services de Vêpres et d'Heures tout au long de la journée.

L'adoration dans l'Église anglicane se caractérise par l'utilisation du « Book of Common Prayer », qui structure les services de culte avec des prières, des lectures bibliques, des hymnes et des sacrements. Les offices tels que les Matines, les Vêpres et les Complies sont des moments importants d'adoration, en plus des services dominicaux. Les Anglicans célèbrent les fêtes liturgiques avec une grande solennité, souvent accompagnée de chants traditionnels et de cérémonies élaborées.

Les Églises évangéliques mettent souvent l'accent sur des cultes de louange vivants, avec des chants contemporains, des prières spontanées et des prédications dynamiques. Les services sont souvent informels et participatifs. Les groupes de louange jouent un rôle central, utilisant des instruments modernes et des technologies pour enrichir l'adoration. En plus des cultes dominicaux, les rassemblements de prière et les groupes de maison sont des lieux importants pour l'adoration et l'étude de la Bible.

Dans les Églises réformées, la prédication de la Parole de Dieu est au centre du culte. Les services comprennent généralement des lectures bibliques, des prières, et des sermons expositifs. L'adoration dans les Églises réformées peut inclure des chants de psaumes et des hymnes, souvent accompagnés d'un orgue ou d'un piano. Les sacrements du Baptême et de la Sainte Cène sont des éléments clés de l'adoration, célébrés avec une grande importance théologique.

L'Église méthodiste accorde une grande importance au culte de la sanctification, où les croyants sont encouragés à rechercher une vie de sainteté et de dévouement. Les hymnes, écrits par des figures comme Charles Wesley, sont une partie intégrante de l'adoration méthodiste, souvent accompagnés d'une musique d'orgue ou de piano. Les réunions de groupe pour l'étude de la Bible et la prière sont des moments clés pour l'adoration et le soutien mutuel.

L'adoration charismatique se caractérise par des manifestations du Saint-Esprit, telles que les dons spirituels, les prophéties, et les guérisons. Les services sont souvent marqués par une grande expressivité. Les Églises charismatiques utilisent souvent de la musique contemporaine et des chants inspirés par les Écritures pour encourager l'adoration vivante et dynamique. Les réunions de prière et les conférences charismatiques sont des occasions de vivre des expériences spirituelles intenses et de rechercher des manifestations du Saint-Esprit.

Les Églises pentecôtistes mettent l'accent sur une adoration dynamique et expressive, avec des chants énergétiques, des danses, et des moments de prière fervente. L'usage des dons spirituels, comme les langues et les guérisons, est courant dans les services d'adoration pentecôtistes. Les cultes de guérison et de délivrance sont souvent une partie importante de l'adoration dans les Églises pentecôtistes.

Les Églises de maison ont souvent des cultes informels qui incluent des chants, des prières, et des discussions bibliques dans un cadre plus intime et communautaire. Les membres de la communauté jouent souvent un rôle actif dans la direction du culte, avec une grande liberté d'expression.

Les Églises de la nouvelle génération utilisent souvent des approches innovantes pour l'adoration, telles que l'intégration de la technologie, des médias visuels, et des expériences immersives. La musique contemporaine, les bandes-son originales, et les performances artistiques sont couramment utilisées pour enrichir l'expérience d'adoration.

Les traditions d'adoration dans le monde chrétien sont diverses et variées, reflétant la richesse et la diversité du corps du Christ. Chaque tradition apporte une perspective unique sur la manière de rendre gloire à Dieu, tout en restant centrée sur l'amour et la dévotion envers Lui. Que ce soit à travers des rites liturgiques élaborés, des cultes vivants et dynamiques, ou des réunions informelles, l'adoration reste un élément fondamental de la vie chrétienne, unissant les croyants dans leur quête commune de Dieu. En appréciant les différentes traditions d'adoration, nous enrichissons notre compréhension de la foi chrétienne et découvrons de nouvelles façons de nous rapprocher de Dieu et de vivre une vie de louange.

LA SINCERITE DANS L'ADORATION

La sincérité est essentielle à l'adoration chrétienne, car elle détermine la profondeur et l'authenticité de notre relation avec Dieu. L'adoration sincère va au-delà des rituels externes et des performances superficielles pour toucher le cœur de Dieu, en reflétant une véritable dévotion et un engagement profond. La sincérité dans l'adoration implique une honnêteté intérieure et un engagement authentique. C'est adorer Dieu non seulement avec nos actions extérieures mais aussi avec notre cœur, notre esprit, et notre vérité intérieure : « Voici, tu aimes la vérité dans le fond du cœur ; fais pénétrer la sagesse dans le secret de mon être » (Psaume 51, 6). La sincérité se manifeste dans la pureté du cœur. Adorer sincèrement signifie que notre adoration reflète notre véritable désir de glorifier Dieu, sans masquer nos véritables sentiments ou intentions. L'adoration sincère est authentique et non superficielle : « Ce peuple m'honore des lèvres, mais son cœur est éloigné de moi » (Matthieu 15, 8). Cela signifie que nos paroles et nos actions d'adoration correspondent à la condition de notre cœur et à notre véritable relation avec Dieu.

Dieu valorise une adoration sincère et pure, qui provient du cœur. Il est plus intéressé par la disposition intérieure que par les manifestations extérieures d'adoration. La sincérité dans l'adoration renforce notre relation avec Dieu, car elle permet une connexion authentique et une communion profonde. Une adoration sincère au sein de la communauté chrétienne favorise l'unité, l'encouragement mutuel, et la croissance spirituelle collective : « Chaque jour, ils persévéraient tous ensemble dans le temple, rompaient le pain dans leurs maisons et prenaient leur nourriture avec joie et simplicité de cœur, louant Dieu et ayant la faveur de tout le peuple » (Actes 2, 46 - 47).

« Le Seigneur dit : Ce peuple s'approche de moi avec sa bouche et m'honore des lèvres, mais son cœur est éloigné de moi ; et leur adoration de moi n'est qu'un précepte de tradition appris par les hommes » (Ésaïe 29, 13). Une adoration qui se concentre uniquement sur les formes extérieures sans engagement intérieur véritable est un obstacle à la sincérité. La recherche de reconnaissance humaine ou de validation peut empêcher une adoration sincère. Les distractions et les préoccupations quotidiennes peuvent nous éloigner de l'adoration sincère en détournant notre attention de Dieu : « … le Seigneur lui répondit : Marthe, Marthe, tu t'inquiètes et tu t'agites pour beaucoup de choses ; une seule chose est nécessaire. Marie a choisi la bonne part, qui ne lui sera pas ôtée » (Luc 10, 41 - 42).

Un examen honnête de soi-même et la confession de nos péchés nous aident à purifier notre cœur et à cultiver une adoration sincère. Une vie cohérente avec notre foi renforce la sincérité de notre adoration. 1 Jean 1, 6 déclare : « Si nous disons que nous avons communion avec lui, et que nous marchons dans les ténèbres, nous mentons, et nous ne pratiquons pas la vérité ». En vivant selon les principes de Dieu, nous alignons notre cœur avec nos actions d'adoration. Cultiver un cœur de gratitude et de reconnaissance favorise une adoration sincère, car elle reflète notre véritable appréciation de Dieu et de Ses bénédictions. La recherche d'une communion plus profonde avec Dieu à travers la prière, l'étude des Écritures et la méditation renforce notre sincérité dans l'adoration.

La sincérité dans l'adoration est cruciale pour une relation authentique et profonde avec Dieu. En définissant la sincérité, en reconnaissant son importance, en identifiant les obstacles à la sincérité, et en adoptant des pratiques pour la cultiver, nous nous engageons dans une adoration qui est non seulement conforme aux attentes de Dieu, mais qui enrichit également notre vie spirituelle. Une adoration sincère nous connecte véritablement avec Dieu, transforme notre cœur, et nourrit notre vie chrétienne, nous permettant de vivre une foi authentique et vivante.

L'ADORATION PERSONNELLE VS COLLECTIVE

L'adoration, qu'elle soit personnelle ou collective, est essentielle à la vie chrétienne, chacune ayant son propre rôle et ses propres bénéfices.

Matthieu 6, 6 : « Mais quand tu pries, entre dans ta chambre, ferme la porte, et prie ton Père qui est là dans le lieu secret ; et ton Père qui voit dans le secret te le rendra ». L'adoration personnelle est l'acte de rendre gloire à Dieu dans le cadre privé de notre vie. Cela inclut la prière, la méditation des Écritures, le chant, et la réflexion spirituelle en solitaire. L'adoration personnelle favorise une connexion intime et personnelle avec Dieu. C'est un espace où l'on peut exprimer ses pensées, ses émotions et ses besoins de manière directe et honnête. En s'engageant régulièrement dans l'adoration personnelle, les croyants peuvent approfondir leur compréhension des Écritures et leur relation avec Dieu. Cela favorise une croissance spirituelle et une transformation intérieure. L'adoration personnelle permet d'adapter les pratiques d'adoration à ses propres besoins spirituels et à son emploi du temps, offrant une flexibilité que l'adoration collective ne peut pas toujours offrir. Il peut être difficile de rester concentré et motivé dans l'adoration personnelle en raison des distractions quotidiennes ou du manque d'encouragement externe. L'adoration personnelle, si elle est la seule forme d'adoration pratiquée, peut mener à un sentiment d'isolement ou de manque de soutien communautaire.

« Veillons les uns sur les autres, pour nous inciter à l'amour et aux bonnes œuvres, ne nous abandonnant pas notre assemblée, comme c'est la coutume de quelques-uns, mais nous exhortant mutuellement, et cela d'autant plus que vous voyez le jour s'approcher » (Hébreux 10, 24 - 25). L'adoration collective se réfère aux pratiques de culte et de louange effectuées en communauté, telles que les rassemblements d'église, les études bibliques en groupe, et les événements de louange. L'adoration collective renforce la communion entre les membres de la communauté chrétienne, favorisant un sentiment d'unité et de soutien mutuel. Elle permet aux croyants de partager leurs expériences et de s'encourager les uns les autres dans leur foi. La présence d'autres croyants peut servir de source d'encouragement et de responsabilisation, renforçant l'engagement spirituel de chacun et stimulant la croissance collective. L'adoration collective permet de participer à des rites, des traditions et des pratiques liturgiques qui sont significatifs pour la communauté et enrichissent l'expérience spirituelle. Il peut y avoir un risque de conformisme ou de superficialité si l'adoration collective devient une routine ou une formalité sans une véritable implication personnelle. Les différences dans les préférences de style de culte, les traditions ou les interprétations théologiques peuvent parfois créer des tensions ou des obstacles dans les rassemblements collectifs.

Actes des Apôtres au chapitre 2, versets 46 à 47 déclare : « Chaque jour, ils persévéraient tous ensemble dans le temple, rompaient le pain dans leurs maisons et prenaient leur nourriture avec joie et simplicité de cœur, louant Dieu et ayant la faveur de tout le peuple ». L'adoration personnelle et collective ne sont pas mutuellement exclusives mais se complètent. L'adoration personnelle nourrit la vie spirituelle individuelle, tandis que l'adoration collective renforce la communauté et l'engagement communal. Une pratique équilibrée de l'adoration personnelle et collective permet aux croyants de bénéficier des avantages des deux formes, favorisant une croissance spirituelle complète et une vie chrétienne dynamique. L'adoration personnelle permet de préparer et de fortifier les croyants pour une participation plus riche à l'adoration collective, tandis que la communion et le soutien trouvés dans l'adoration collective renforcent l'engagement personnel.

Planifier des moments réguliers pour l'adoration personnelle tout en participant activement aux rassemblements d'adoration collective ; Cela assure une pratique équilibrée et cohérente. Partager les insights et les expériences tirés de l'adoration personnelle avec la communauté lors des rassemblements collectifs, enrichissant ainsi les pratiques d'adoration communes. Utiliser les occasions d'adoration collective pour encourager et soutenir les autres dans leur adoration personnelle, et inversement, utiliser l'adoration personnelle pour renforcer votre participation à la vie communautaire.

L'adoration personnelle et collective sont deux aspects cruciaux de la vie chrétienne, chacun apportant des bénéfices uniques. L'adoration personnelle favorise une connexion intime et individuelle avec Dieu, tandis que l'adoration collective renforce la communion et l'unité au sein de la communauté chrétienne. En intégrant ces deux formes d'adoration dans notre vie spirituelle, nous pouvons développer une relation plus profonde avec Dieu tout en contribuant à la croissance et à la vitalité de notre communauté de foi. Cultiver un équilibre entre ces deux aspects enrichit notre expérience spirituelle et favorise une vie chrétienne pleine et épanouissante.

L'ADORATION ET LA SAINTETE

L'adoration et la sainteté sont profondément liées dans la vie chrétienne. La sainteté est un appel divin à vivre une vie séparée du péché et dédiée à Dieu, tandis que l'adoration est une réponse à cet appel, exprimant notre dévotion et notre révérence envers Dieu. 1 Pierre 1, 15 - 16 dit : « … comme celui qui vous a appelés est saint, soyez vous-mêmes saints dans toute votre conduite ; car il est écrit : Vous serez saints, car je suis saint ». La sainteté dans la Bible se réfère à être séparé du péché et consacré à Dieu. C'est une qualité divine que les croyants sont appelés à refléter dans leur vie. Ce passage montre que la sainteté de Dieu est la norme à laquelle les croyants sont appelés à aspirer. « Car je suis l'Éternel, votre Dieu ; vous vous sanctifierez et vous serez saints, car je suis saint » (Lévitique 11, 44). Dans Ésaïe 6, 3 il est écrit : « Ils criaient l'un à l'autre : Saint, saint, saint est l'Éternel des armées ! Toute la terre est pleine de sa gloire ! ». La vision d'Esaïe souligne la majesté et la pureté de Dieu, et la réponse des êtres célestes est une reconnaissance de Sa sainteté.

Adorer Dieu en reconnaissant Sa sainteté est une réponse naturelle à la grandeur et à la pureté de Dieu. L'adoration devient un acte de reconnaissance de la majesté divine. « C'est pourquoi, recevant un royaume qui ne peut être ébranlé, ayons la grâce, par laquelle nous servons Dieu de manière agréable, avec révérence et avec crainte ; car notre Dieu est un feu dévorant » (Hébreux 12, 28 - 29). L'adoration sincère inclut une reconnaissance de notre propre besoin de purification et de transformation pour nous approcher de Dieu avec pureté. La reconnaissance de la sainteté infinie de Dieu inspire une adoration perpétuelle et dévouée : « Et les quatre vivants, ayant chacun six ailes, étaient remplis d'yeux tout autour et au-dedans ; et ils ne cessent de dire jour et nuit : Saint, saint, saint est le Seigneur Dieu Tout-Puissant, qui était, qui est, et qui vient ! » (Apocalypse 4, 8).

L'adoration régulière nous expose à la gloire de Dieu, ce qui conduit à une transformation progressive vers Sa sainteté. « Qui pourra monter à la montagne de l'Éternel ? Celui qui a les mains innocentes et le cœur pur, qui ne s'attache pas à des choses fausses et qui ne prête pas de serment pour tromper » (Psaume 24, 3 - 4). L'adoration sincère purifie le cœur en nous aidant à nous détacher des péchés et des distractions, et à nous concentrer sur Dieu. L'adoration devient une manière de vivre en conformité avec la sainteté, en offrant nos vies comme un sacrifice vivant.

La sainteté profonde favorise une adoration plus authentique, où les croyants offrent non seulement des louanges mais aussi une vie qui reflète la justice et la pureté de Dieu. La repentance et la confession sont essentielles pour maintenir une relation d'adoration sincère et pure, car elles nous aident à nous débarrasser des obstacles à une adoration authentique. 1 Jean 1, 9 dit : « Si nous confessons nos péchés, il est fidèle et juste pour nous les pardonner et nous purifier de toute iniquité ». Une vie sainte se manifeste dans une adoration qui reflète notre engagement à vivre selon les principes de Dieu : « Il s'est donné lui-même pour nous, afin de nous racheter de toute iniquité, et de se faire un peuple pur, qui lui appartienne en propre, ardent à pratiquer les bonnes œuvres » (Tite 2, 14).

L'adoration et la sainteté sont intrinsèquement liées dans la vie chrétienne. La sainteté de Dieu inspire notre adoration, et une adoration sincère nous pousse à poursuivre la sainteté dans notre propre vie. L'adoration nous transforme, purifie notre cœur et nous encourage à vivre en conformité avec les normes divines. En cultivant une adoration qui reconnaît la sainteté de Dieu et en poursuivant la sainteté dans notre vie quotidienne, nous honorons Dieu et reflétons Sa grandeur. La sainteté et l'adoration se nourrissent mutuellement, conduisant à une vie chrétienne profonde, authentique, et remplie de grâce.

LES PRATIQUES D'ADORATION QUOTIDIENNE

L'adoration quotidienne est essentielle pour nourrir une relation vivante et dynamique avec Dieu. Ces pratiques aident à intégrer l'adoration dans chaque aspect de la vie quotidienne, transformant les routines ordinaires en moments de connexion spirituelle. « Priez sans cesse » dit 1 Thessaloniciens 5, 17. La prière est un moyen de communiquer avec Dieu, de Lui exprimer nos pensées, nos besoins et notre gratitude. C'est un élément fondamental de l'adoration quotidienne. Les prières peuvent être classifiées de la manière suivante :

- Prières de louange et d'adoration : Elles expriment notre admiration et notre révérence envers Dieu. Exemple : « Seigneur, je Te loue pour Ta grandeur et Ta fidélité ».
- Prières de confession : Elles reconnaissent nos péchés et demandent pardon. Exemple : « Pardonne-moi mes péchés et purifie mon cœur ».
- Prières d'intercession : Elles demandent pour les autres. Exemple : « Je Te demande de bénir et de protéger mes amis et ma famille ».
- Prières de reconnaissance : Elles remercient Dieu pour Ses bénédictions. Exemple : « Merci pour Ta provision et Ta protection aujourd'hui ».

Il est nécessaire d'intégrer des moments de prière dans la journée, que ce soit le matin, le soir ou pendant des pauses. Avoir un endroit calme et spécial pour la prière afin de favoriser une connexion plus profonde avec Dieu. Utiliser des livres ou des applications de prière pour guider et enrichir notre temps de prière.

2 Timothée 3, 16 - 17 déclare : « Toute Écriture est inspirée de Dieu, et utile pour enseigner, pour convaincre, pour corriger, pour instruire dans la justice, afin que l'homme de Dieu soit accompli et propre à toute bonne œuvre ». La lecture des Écritures nourrit notre esprit et guide notre vie. Consacrons du temps chaque jour pour lire un passage des Écritures. Utilisons des plans de lecture pour structurer notre temps. Réfléchir profondément sur des passages spécifiques pour en comprendre les implications et les applications dans notre vie. Noter nos réflexions, découvertes et prières en rapport avec les passages que nous lisons. Trouver un moment de la journée où nous pouvons nous concentrer sans distractions. Les commentaires bibliques, les livres de dévotion, et les applications peuvent enrichir notre compréhension des Écritures. Etre attentif à la manière dont Dieu nous parle à travers Sa Parole et se laisser guider par l'Esprit.

« Servez l'Éternel avec joie, venez avec des chants devant lui ! » (Psaume 100, 2). Le chant et la louange sont des expressions puissantes de notre adoration, nous permettant de célébrer et de glorifier Dieu. Les chants peuvent être classifiés de la manière suivante :

- Chants de louange : Des chants qui célèbrent la grandeur et la puissance de Dieu.
- Chants d'adoration : Ils expriment notre dévotion et notre amour pour Dieu.

- Chants de méditation : Qui nous aident à réfléchir sur les vérités spirituelles et les enseignements bibliques.

Intégrons des chants de louange et d'adoration dans notre routine quotidienne, que ce soit pendant nos trajets, en faisant des tâches ménagères ou au travail. Chantons des hymnes ou des chansons de louange pendant notre temps de prière ou de méditation. Préparer des listes de musique chrétienne qui correspondent à différents aspects de notre vie spirituelle, comme le matin, le soir, ou pendant des moments de contemplation.

La gratitude est un aspect crucial de l'adoration, renforçant notre reconnaissance envers Dieu pour Ses bénédictions. Noter chaque jour des choses pour lesquelles nous sommes reconnaissant. Remercier Dieu dans nos prières et dans nos interactions avec les autres. Faire des actes de service ou de générosité en réponse aux bénédictions que nous avons reçues. La méditation est l'acte de réfléchir profondément sur les vérités spirituelles et de les intégrer dans notre vie. Choisir des versets ou des passages à méditer et réfléchir sur leur signification et leur application personnelle. Utiliser des ressources de méditation chrétienne qui offrent des guides et des prompts pour une réflexion plus profonde. Passer du temps en silence pour écouter Dieu et contempler Sa présence. Créer un espace calme et serein pour notre temps de méditation. Réserver des moments réguliers dans notre emploi du temps pour la méditation et la réflexion spirituelle. Les livres de méditation, les applications, et les enregistrements audio peuvent enrichir notre pratique.

L'adoration quotidienne est une pratique essentielle qui enrichit notre vie spirituelle et nous aide à rester connectés à Dieu. En intégrant des pratiques telles que la prière, la lecture des Écritures, le chant, la gratitude, et la méditation dans notre routine quotidienne, nous pouvons vivre une vie d'adoration authentique et continue. Ces pratiques transforment non seulement nos journées mais aussi notre cœur, nous permettant de marcher plus près de Dieu et de vivre une vie remplie de Sa grâce et de Sa présence.

L'ADORATION ET LA JOIE CHRETIENNE

L'adoration et la joie chrétienne sont intimement liées, chacune nourrissant l'autre dans la vie du croyant. L'adoration authentique engendre une joie profonde, tandis que la joie chrétienne enrichit et transforme notre adoration. La joie chrétienne est un fruit de l'Esprit (Galates 5, 22), un produit de la relation avec Dieu qui transcende les circonstances extérieures et est enracinée dans la communion avec Lui. Adorer Dieu et se réjouir en Sa présence conduisent à une joie abondante qui provient de la reconnaissance de Sa grandeur et de Sa bonté. L'adoration joyeuse reflète la gratitude et l'exaltation envers Dieu, transformant l'expression de louange en un acte de joie profonde : « Poussez vers l'Éternel des cris de joie, vous tous, habitants de la terre ! Servez l'Éternel avec joie, venez avec des chants de joie devant lui ! » (Psaume 100, 1 - 2).

Lorsque nous adorons en reconnaissant les bénédictions et les œuvres de Dieu, nous ressentons une joie qui découle de la gratitude pour ce qu'Il a fait dans nos vies. Actes 16, 25 dit : « Vers minuit, Paul et Silas priaient et chantaient des louanges à Dieu, et les prisonniers les entendaient ». Même en prison, Paul et Silas ont trouvé une joie profonde dans leur adoration, démontrant que la présence de Dieu peut transformer les circonstances les plus difficiles en moments de joie. La révélation de la venue du Christ a apporté une grande joie au monde, soulignant comment la découverte de vérités spirituelles à travers l'adoration engendre une joie durable : « Mais l'ange leur dit : Ne craignez point, car voici, je vous annonce une grande joie, qui sera pour tout le peuple ; il vous est né aujourd'hui un Sauveur, qui est le Christ, le Seigneur » (Luc 2, 10 - 11).

La joie chrétienne se manifeste par des expressions de louange et de gratitude, enrichissant notre adoration et la rendant plus vivante et sincère. « Réjouissez-vous toujours dans le Seigneur ; je le répète, réjouissez-vous ! » (Philippiens 4, 4). La joie en Dieu motive les croyants à adorer avec enthousiasme et sincérité, faisant de l'adoration un acte de réjouissance plutôt qu'une obligation. Dans Néhémie 8, 10 il est écrit : « Ne vous affligez pas, car la joie de l'Éternel est votre force ». La joie chrétienne apporte une force spirituelle qui soutient notre adoration et nous aide à surmonter les défis, faisant de l'adoration une source de renouveau et de vigueur.

Même dans les moments de souffrance, la concentration sur Christ et la perspective éternelle peuvent transformer la difficulté en une source de joie. « Cherchez premièrement le royaume de Dieu et sa justice, et toutes ces choses vous seront données par-dessus » (Matthieu 6, 33). Les distractions et le stress peuvent étouffer la joie chrétienne, mais recentrer notre vie sur Dieu et Ses priorités peut restaurer cette joie. Les moments de doute et de lutte spirituelle peuvent affecter notre joie, mais l'espoir en Dieu et la persévérance dans l'adoration peuvent aider à retrouver la joie.

Intégrer des moments de chant et de louange dans notre journée pour nourrir la joie et enrichir votre vie d'adoration. La pratique régulière de la gratitude à travers des actions et des paroles renforce la joie dans l'adoration. Trouver de la joie dans les petites bénédictions quotidiennes permet de cultiver une attitude de louange et de réjouissance constante. Psaume 118, 24 : « C'est ici la journée que l'Éternel a faite : qu'elle soit pour nous une journée de joie et d'allégresse ».

L'adoration et la joie chrétienne sont profondément interconnectées. L'adoration sincère engendre une joie profonde en reconnaissant la grandeur et la bonté de Dieu, tandis que la joie enrichit notre adoration en la rendant plus authentique et pleine de vie. En cultivant des pratiques d'adoration quotidienne telles que la prière, la lecture des Écritures, le chant, et la gratitude, nous pouvons expérimenter une joie chrétienne durable et transformante. Cette joie, nourrie par l'adoration, nous soutient dans les moments difficiles et enrichit notre relation avec Dieu, faisant de chaque jour une occasion de célébrer Sa bonté et Sa fidélité.

L'ADORATION A TRAVERS LES AGES

L'adoration a évolué au fil des siècles, reflétant les changements dans la culture, les pratiques religieuses, et la compréhension théologique. « Ils me feront un sanctuaire, et j'habiterai au milieu d'eux. Vous ferez le tabernacle et tous ses ustensiles, selon le modèle que je te montrerai » (Exode 25, 8 - 9). L'adoration dans l'Ancien Testament se concentrait autour du tabernacle et plus tard du Temple, où les sacrifices et les rituels étaient essentiels pour l'adoration de Dieu. 1 Rois 6, 2 dit : « La maison que le roi Salomon a construite pour l'Éternel avait soixante coudées de long, vingt coudées de large et trente coudées de haut ». La grandeur et la complexité du Temple de Salomon reflétaient la majesté et la sainteté de Dieu, et les pratiques d'adoration y étaient profondément enracinées dans les rituels sacrificiels et les offrandes. Les Psaumes expriment une variété d'expressions d'adoration personnelle, allant de la louange enthousiaste à la lamentation et la confession. Psaume 95, 6. Les prophètes critiquaient souvent les pratiques d'adoration extérieures vides de véritable repentir et de justice, appelant à une adoration plus authentique et spirituelle.

Jésus réinvente l'adoration en mettant l'accent sur la relation personnelle avec Dieu plutôt que sur les lieux ou les rituels externes : « … l'heure vient, et c'est maintenant, où les vrais adorateurs adoreront le Père en esprit et en vérité ; car ce sont là les adorateurs que le Père demande. Dieu est esprit, et il faut que ceux qui l'adorent l'adorent en esprit et en vérité » (Jean 4, 23 – 24). Les premières Églises combinaient la célébration des repas avec la louange et l'enseignement, reflétant une adoration communautaire dynamique et centrée sur la communion fraternelle. Les lettres apostoliques enseignent que l'adoration dépasse les rites externes et inclut une vie entière consacrée à Dieu.

Pendant le Moyen Âge, la liturgie chrétienne, comme le Missel Romain, est devenue centralisée dans les églises catholiques, avec une forte emphase sur la Messe et les rituels sacramentels. L'adoration était marquée par des rites élaborés, des chants grégoriens, et une grande cérémonie. Les monastères suivaient des règles strictes d'adoration et de prière, avec des offices quotidiens tels que les Laudes, les Vêpres, et les Complies. Ces pratiques visaient à sanctifier la journée et à maintenir une connexion constante avec Dieu. Au Moyen Âge, la vénération de l'Eucharistie (Sainte Cène) devient un élément central de l'adoration chrétienne, avec la croyance en la présence réelle du Christ dans le sacrement. Les processus de vénération et les pratiques d'adoration en relation avec l'Eucharistie se développent, incluant les processions et l'exposition du Saint-Sacrement.

Martin Luther a réformé l'adoration en mettant l'accent sur la centralité des Écritures, la prédication, et la participation active des laïcs dans le culte. L'adoration devient plus accessible, éloignée des traditions médiévales et centrée sur la Parole de Dieu. Au XVIIIe siècle, des hymnologues comme Charles Wesley ont contribué à la renaissance de la louange chrétienne à travers des hymnes qui expriment des doctrines évangéliques et des expériences personnelles avec Dieu. Ces hymnes ont enrichi l'adoration et ont permis une plus grande participation des fidèles. L'industrialisation et les mouvements de réveil du XIXe et du XXe siècles ont introduit des formes nouvelles d'adoration, comme la musique contemporaine, les cultes communautaires dynamiques, et les conférences de réveil. Ces mouvements ont diversifié les expressions de l'adoration et ont adapté les pratiques aux besoins culturels et spirituels modernes.

Aujourd'hui, l'adoration chrétienne se manifeste à travers une diversité de styles musicaux, y compris le rock chrétien, le gospel, et la musique de louange contemporaine. Les cultes modernes intègrent des éléments de technologie et de multimédia pour enrichir l'expérience d'adoration. Dans les églises évangéliques et charismatiques, l'adoration est souvent marquée par des expériences personnelles intenses, des manifestations du Saint-Esprit, et une forte emphase sur la prière et les dons spirituels. De plus en plus, les mouvements d'adoration intègrent des préoccupations pour la justice sociale et l'engagement communautaire, voyant l'adoration comme une réponse aux besoins du monde et un moyen de servir les autres en suivant l'exemple de Christ.

L'adoration chrétienne a évolué de manière significative à travers les âges, reflétant les changements dans la culture, la théologie, et les pratiques religieuses. Depuis les rituels du Temple de l'Ancien Testament jusqu'aux expressions contemporaines de louange, chaque époque a contribué à enrichir et diversifier la manière dont les croyants adorent Dieu. En explorant cette histoire, nous découvrons comment les diverses pratiques d'adoration ont répondu aux besoins spirituels de chaque génération tout en continuant à célébrer la grandeur et la bonté de Dieu. La compréhension de cette évolution nous aide à apprécier la richesse de l'adoration chrétienne et à intégrer les leçons du passé dans notre vie spirituelle actuelle.

CONCLUSION : LA NECESSITE D'ADORER JESUS

L'adoration de Jésus-Christ est au cœur de la foi chrétienne, et sa nécessité est profondément enracinée dans la révélation divine, l'expérience personnelle des croyants, et la mission de l'Église. Dans Jean 14, 6 : « Je suis le chemin, la vérité et la vie. Nul ne vient au Père que par moi », Jésus est le médiateur entre Dieu et l'humanité, et Son sacrifice sur la croix est la clé de notre réconciliation avec Dieu. L'adoration de Jésus est une réponse à Son sacrifice rédempteur, qui a ouvert la voie à une relation restaurée avec le Père. Jésus est à la fois pleinement Dieu et pleinement homme, et reconnaître Sa divinité est essentiel pour une adoration authentique : « Car en lui ont été créées toutes les choses qui sont dans les cieux et sur la terre, les visibles et les invisibles... Il est avant toutes choses, et toutes choses subsistent en lui » (Colossiens 1, 16 - 17). Adorer Jésus est une réponse à la révélation de Sa gloire et de Sa puissance, qui surpassent tout ce que nous pouvons imaginer. Hébreux 1, 3 dit : « Le Fils, qui est le rayonnement de la gloire de Dieu et l'expression exacte de son être, soutient toutes choses par sa parole puissante ».

L'adoration de Jésus nous transforme à Son image, en changeant notre caractère et nos actions pour refléter Sa bonté et Sa vérité : « Et nous tous, qui le visage découvert, contemplons comme dans un miroir la gloire du Seigneur, nous sommes transformés en la même image, de gloire en gloire, comme par l'Esprit du Seigneur » (2 Corinthiens 3, 18).

Une vie d'adoration est marquée par la louange constante et la reconnaissance de ce que Jésus a accompli pour nous. L'adoration de Jésus nous équipe pour vivre et témoigner de Sa vérité dans le monde, en nous donnant la force et la motivation nécessaires pour accomplir Sa mission. Cette adoration est une réponse à l'amour sacrifié et inconditionnel que Dieu a manifesté à travers Son Fils. Jean 3, 16 : « Car Dieu a tant aimé le monde qu'il a donné son Fils unique, afin que quiconque croit en lui ne périsse point, mais qu'il ait la vie éternelle ». Reconnaître que notre salut est un don de Dieu nous pousse à adorer Jésus avec une gratitude profonde et sincère. « Car c'est par la grâce que vous êtes sauvés, par le moyen de la foi. Et cela ne vient pas de vous, c'est le don de Dieu. Ce n'est point par les œuvres, afin que personne ne se glorifie » (Éphésiens 2, 8 – 9). Adorer Jésus permet de vivre une joie durable et profonde, enracinée dans notre communion avec Lui.

L'adoration ne se limite pas aux moments de culte, mais s'étend à chaque aspect de notre vie quotidienne. Une adoration authentique doit venir du cœur, être sincère et refléter une véritable relation avec Dieu. Renouvelant notre esprit, elle nous donne la force et la persévérance nécessaires pour affronter les défis de la vie. Ésaïe 40, 31 dit : « Mais ceux qui se confient en l'Éternel renouvellent leur force ; ils prennent leur vol comme les aigles ; ils courent, et ne se lassent point ; ils marchent, et ne se fatiguent point ». Adorer Jésus-Christ est une nécessité fondamentale pour le chrétien, car elle répond à la grandeur et à l'amour divins révélés en Lui. Cette adoration transforme notre vie personnelle, enrichit notre expérience spirituelle, et renforce notre engagement envers la mission chrétienne. En adoration, nous reconnaissons non seulement la divinité de Jésus et Son sacrifice rédempteur, mais aussi l'impact profond qu'Il a sur notre vie quotidienne. L'adoration de Jésus est le cœur battant de notre foi, un acte de gratitude, une réponse à Son amour, et une source de transformation continue. ***Que notre vie soit marquée par une adoration authentique et joyeuse, reflet de notre profonde relation avec notre Seigneur et Sauveur, Jésus-Christ. Amen !***

BIBLIOGRAPHIE

- *Louis Bouyer,* "Jésus-Christ : Le Mystère de l'Incarnation", Cerf, 2004.
- *Gustaf Aulén,* "Christus Victor: An Historical Study of the Three Views of the Atonement", Macmillan, 1931.
- *John Owen,* "La Trinité et l'adoration chrétienne", BiblioLife, 2008.
- *N.T. Wright,* "Jésus : Historique, Jésus et l'église", Zondervan, 2007.
- *Gordon Fee,* "La Bible et l'adoration : Une étude approfondie", Baker Academic, 2009.
- *Donald A. Hagner,* "La Théologie du Nouveau Testament", Zondervan, 1993.
- *D.A. Carson,* "Adoration dans le Nouveau Testament", Crossway, 2006.
- *Richard Foster,* "La Vie d'adoration : Une approche chrétienne", HarperOne, 1998.
- *William Temple,* "Adoration : Un guide pratique pour les croyants", Oxford University Press, 1948.
- *John Piper,* "La Joie de l'adoration : Trouver la plénitude en Christ", Crossway, 2003.
- *Robert Webber,* "L'histoire de l'adoration chrétienne", Baker Books, 1994.
- *J.I. Packer,* "L'adoration chrétienne à travers les âges", InterVarsity Press, 1999.
- *J.N.D. Kelly,* "Les Pères de l'Église et l'adoration", HarperCollins, 1958
- *Philip Yancey,* "Adorer en Esprit et en Vérité", Zondervan, 2006.
- *Henri Nouwen,* "Vivre pour adorer : Une vie de louange et de dévotion", HarperOne, 1998.
- *Eugene Peterson,* "L'adoration : Théorie et pratique", Waterbrook Press, 2002.

L'adoration est au cœur de la foi chrétienne, mais il est parfois facile de la considérer comme un simple acte de culte ou une routine religieuse. En réalité, l'adoration est bien plus profonde et essentielle qu'une série de gestes ou de rituels. Elle représente une réponse authentique à la grandeur et à la bonté de Dieu, une expression de notre amour, de notre gratitude et de notre dévotion envers Lui. L'adoration est une vocation et une réponse à l'appel divin. C'est une expérience personnelle mais aussi communautaire, une pratique qui nous unit dans une quête commune pour honorer Jésus en esprit et en vérité. À travers ce livre, nous nous penchons sur les différentes dimensions de l'adoration et comment elles enrichissent notre vie spirituelle.

Né le 13 Août 1983 à Mvom-Nnam, dans la Commune de Sa'a, Département de la Lekié, Région du Centre du Cameroun, ZOGO M. Athanase est Titulaire d'un Master Spécialisé en Ingénierie Financière, Expert en Management des Projets et en Passation des Marchés Publics et Privés, Evangéliste, il est le fondateur de Jérusalem Mission Evangélique (JME).

Printed by Books on Demand GmbH, Norderstedt / Germany